JN055930

ケースで
学ぶ

組織と
個人の

リスク
マネジメント

10 のケーススタディ

石川 慶子
Keiko Ishikawa

共著

木村 栄宏
Hidehiro Kimura

経営書院

# はじめに

「リスクマネジメント？　大事なんだろうと思うけど、うちの会社は売上優先だから、それとセットじゃないとできない」

「日々の仕事をこなすのが精いっぱい。負荷がかからない形で進めるのは困難では？」「社内でいつも小さなもめ事がある。それで結局人が辞めてまた人手不足。リスクマネジメントというのはそんな現場の問題まで解決できるのか」

「会社が急成長しているからリスクマネジメントが追い付かないと感じている。体制構築してもすぐに変化してしまう。成長と共に運用できるリスクマネジメントがあるならやってみたいが」

「この前社員が逮捕されて頭が真っ白になった。全て後手後手で取引先への説明に追われてしまった。予防できなかったのか、振り返りは全くしていない。早く忘れてもらえればいいと思うのが精いっぱい。そもそも検証の仕方がわからないし」

「うちは人事・総務・広報を兼務する部署。何かあれば対応しなければならないけれど、何のマニュアルもないから不安。ネットで書かれたり、記者から問い合わせがきたりしたら、その場しのぎの対応になりそう」

本書はこういった声に応える内容です。リスクマネジメントというと堅苦しくてどこか遠い存在だとイメージしてしまいがちですが、私達は日々の生活の中で実践しています。たとえば、天気予報を聞いて服装を決めたり、傘や履く靴を決めたりするのもリスクマネジメントです。天気といった外的要因によってもたらされる自分への影響を考えて不快にならないよう対策を立てて実行しているからです。

リスクは日本語にすると「危険」と訳されているため、「好ましくない事象」「マイナスなこと」と理解されがちですが、天気と同じ

で、必ずしもマイナス現象だけではありません。雨、雪、風だけではなく晴もあり、一日の中でも変わります。朝と晩で気温が15度も違う寒暖差がある日もあります。天気の変化に対応できるよう服装や傘、靴を選択しているのではないでしょうか。天気に対応したくないから家にこもっていれば安全かといえばそうでもなく、光を浴びなければ日照によって自然に摂取できるビタミンDが不足して健康を害します。家から出れば天気だけではなくさまざまなことに遭遇しますが、事前に準備していれば余裕をもって楽しめるのではないでしょうか。

　リスクは語源説から読み解くと全く違う世界が見えてきます。「リスク」は「risk」のカタカナ表現であり、もともとはラテン語の「risicare（リスカイア）」で「勇気をもって試みる」です。ヨーロッパから航海に出て東方貿易に乗り出すこと、危険を承知で未来のチャンスを得ようとする「冒険」に由来するので「勇気ある試み」、チャンスや成長、成功の芽にもなり得ます。


　本書は金融機関の経営破綻を経験して大学教授に転身した木村栄宏と、危機管理やリスクマネジメントの訓練・対応を提供している広報コンサルタント石川慶子の共同執筆です。リスクマネジメントの普及啓発活動を30年以上行っている内閣府認定NPO法人日本リスクマネジャー＆コンサルタント協会の仲間としても活動しています。この団体に集まる人達は、人生の危機や経営危機を経験しており、それを語り継ぐことで誰かの役に立つ、あるいは再発防止を図りたいと願っています。筆者らのこの度の執筆の動機も同様です。

　筆者（石川）がリスクマネジメントを学んだのは2001年、二人目の出産後でした。妊娠中に勤務先の会社とトラブルがあり、会社を提訴せざるを得なくなったのです。裁判所には臨月（出産月）に行くことになってしまい、「なぜこんなことになったのか。一番幸せでいるべき臨月になぜ裁判所で争う事態になってしまったのか、避けることはできなかったのか」と悶々としたのがきっかけです。将来のトラブル

を予測して事前に回避できるマネジメントがあると知り、学べる団体を探して見つけたのが日本リスクマネジャー&コンサルタント協会でした。最初にリスクの語源を聞いて、勇気づけられました。「よし、リスクマネジメントを学んで自分の人生も仕事もより良くしていく。自分の専門である広報パブリックリレーションズの基本である関係作りをベースにリスクマネジメントを広げていこう」と決意しました。

　もう一人の筆者（木村）は、勤務先銀行の経営破綻の頃、尊敬する幹部の方々が逝去された背景には、銀行内に EAP（従業員支援プログラム）が導入されていなかったことにも遠因があると考え、企業にも個人（人財）にも心のリスクマネジメントの存在と必要性があることを肌で痛感したことが、そもそもリスクマネジメントを学ぶきっかけでした。日本リスクマネジャー&コンサルタント協会に出会ってリスクマネジメントを学び、その後、シンクタンクや企業実務に従事し、企業のあり方や不祥事対策、BCP（事業継続計画）、経営戦略に係わる中で、リスクマネジメントはコストではなく積極的な投資手法であり、「経営戦略としてのリスクマネジメント」という意義、位置づけを世の中にもっと浸透させなくてはならないのでは、と感じました。今では、防災や BCP や CSR（企業の社会的責任）は必要コストにすぎず、投資家にとっては、定量情報ではなく「定性情報」にすぎないので、それらは業績予想などには使えない、という見方は少なくなってきているのではと思います。リスクは chance of loss とも言われ、loss をコントロールすれば chance が残る、と言われるように、リスクマネジメントを学び理解することは人生そのもの、人生自体がリスクマネジメントであり、常に挑戦！　だと思っています。そうした思いも、この本の行間からそれとなくお届けすることができれば、大変嬉しく思います。

　第1章はリスクマネジメントの基本として国際的ガイドラインになっているリスクマネジメント国際規格 ISO31000の概要とステップ

を網羅しました。規格概要だけでは、現場で使える形にはしにくいので、事例解説を入れ、寄り道をしながら理解を深める構成になっています。規格だけ頭に入れても現場では使えません。自分で考え判断する力を養うことなしにマネジメントはできないからです。基本の規定通りに導入したい場合には、第1章の後半に書かれた8つのステップで進めてみましょう。

第2章は日常の中で取り組めるさまざまな訓練を解説しました。人材開発手法や広報コミュニケーション、表現手法を組み合わせています。8つのステップで本格的なリスクマネジメントを導入するのが理想ではありますが、そこまで余裕がない企業や担当者のためにすぐに取り組める思考訓練、体感訓練の進め方を解説しました。

第3章は、筆者らの経験をベースに報道された事件事故と組み合わせてケーススタディスタイルとしています。予防するにはどうすればよかったのか、といったリスクマネジメントの視点と発生後にダメージを最小限にする危機管理（クライシスマネジメント）の視点から解説しています。2つの観点から解説することで、リスクマネジメントと危機管理（クライシスマネジメント）に求められる発想、判断の違いがわかるようにしました。ケーススタディの最後は、過去の失敗を抱えた人がどう再出発していけばいいのか、自分自身の振り返りと説明責任、将来への決意を文章にしました。

つきつめれば、リスクマネジメントはリスクとチャンスのバランスを考え、組織や個人が成長しながらよりよい人生を歩むための考え方だと思っています。社員一人ひとりが将来のリスクを回避するだけではなく、時にはリスクを取る、不要なリスクは減らす、起きてしまったら迅速判断といった行動ができるようになれば、新しい価値創造も進み、冒険さながらワクワクする組織の成長につながるのではないでしょうか。

巻末に筆者らの短い解説を加えた「本と映画から学ぶリスクマネジメント　30選」をつけています。最近のものから少し古い作品まで幅

広く選び、歴史的な視点を持てるようにしました。

　組織と個人のリスクマネジメントをテーマに、2018年5月から YouTube で「RMCA チャンネル」（日本リスクマネジャー＆コンサルタント協会の略称：Risk Manager & Consultant Association）として発信してきた積み重ねや広報リスクマネジメント研究会での活動も本書の内容充実に役立ったと感じています。共にリスクマネジメントをテーマに討議し、互いに自己研鑽してきた RMCA 仲間の皆さんにもこの場を借りて感謝いたします。

　出版の機会をご提供くださった産労総合研究所・経営書院の皆さんにも心から御礼申し上げます。

2024年6月

石川慶子
木村栄宏

ケースで学ぶ組織と個人のリスクマネジメント

# 目　次

第 **1** 章

# リスクマネジメント国際規格を理解する ………… 001

## *1*　序文 ……………………………………………………………… 004

## *2*　適用範囲 ………………………………………………………… 006

# 第 2 章

# リスクマネジメントの訓練 ………………………………055

## 1　訓練前の準備 …………………………………………056

## 2　チーム型訓練 …………………………………………064

## *3* 個人訓練 ································································ 089

## 第 **3** 章

# ケーススタディ ···················································· 097

第 **1** 章

リスクマネジメント国際規格を理解する

## 日本は阪神・淡路大震災をきっかけに危機感

　日本は、阪神・淡路大震災※をきっかけとして1996年に危機管理システムに関する国家規格 JIS/TR Z 0001（危機管理システム）を制定しました。その2年後の1998年にリスクマネジメントの項目が整理され、2001年 JIS Q 2001（リスクマネジメントシステム構築のための指針）となりました。筆者らが所属する日本リスクマネジャー＆コンサルタント協会では2001年頃この名称変更は話題になっていました。「私たちが提唱してきたリスクマネジメントの重要性が浸透してきた。これからは危機管理（発生後の対応）よりもリスクマネジメント（危機対応含めた予防）という広い概念での対策が必要になる。もっともっと人材育成していこう！」と先輩方がしきりと議論していたのをよく覚えています。

　その後、各国ばらばらだったリスクマネジメント規格を国際的に統一する動きが出て、日本は本作業の議長国であったオーストラリアと共に、「組織の規模や種類を問わず、すべてのリスクに適応可能なリスクマネジメントの汎用的プロセスの国際規格化」を提案。各国からのメンバーによる作業グループによって2009年11月15日にリスクマネジメント国際規格（ISO31000）が誕生しました。日本が阪神大震災をきっかけに危機感を持ち、リスクマネジメント国際規格化に尽力したことは誇りに思います。このような歴史が、もっと認知されて日本に根付いてほしいと願わずにはいられません。

　10年後の2018年には、原則の簡素化、図の刷新、記録の必要性が討議され、改訂されました。リスクマネジメントを進める際の基軸となる考え方、プロセスが整理されていることから、本章でその内容を解説します。中小ベンチャー向けに担当者が理解しやすいように筆者らの経験や独自の解釈、エピソードも挿入しています。やや寄り道しながらとなりますが、のちほど説明する通り、リスクマネジメントは想像力です。さまざまな現場のシーンを思い浮かべながら、考えながら

読み進めていただければと思います。

## 誰でも取り組めるガイドライン

　リスクマネジメント国際規格（ISO31000）は認証規格ではないので誰でも気軽に取り組める点が大きな特徴です。ISO は、International Organization for Standardization（国際標準化機構）の略称で、本部はスイスのジュネーブにあります。ISO の活動は国際的に通用する規格を制定することで、ISO が制定した規格を ISO 規格といいます。

　規格を制定する目的は、製品やサービスの品質や安全性、環境保護、労働安全衛生などの面で国際的な共通基準を設け、世界中で同じレベルの製品やサービスを提供できるようにすることを通じて取引を円滑にすることにあります。

　ISO31000以外にもあり、品質マネジメントシステム（ISO9001）、環境マネジメントシステム（ISO14001）、食品安全マネジメントシステム（ISO22000）、社会的責任（ISO26000）、情報セキュリティマネジメントシステム（ISO27000）、事業継続マネジメントシステム（ISO22301）が知られています。

　一般的には認証規格は第三者による審査で取得します。その点、ISO31000（以下、本規格）は認証規格ではないため、内容を理解した上で組織や個人に合わせて気軽に取り組めるといえます。

## リスクマネジメント国際規格の全体像

　全体の章立ては次のようになっています。
1．序文
2．適用範囲
3．用語及び定義

「リスク」「リスクマネジメント」「ステークホルダ」「リスク源」「事象」「結果」「起こりやすさ」「管理策」

4．原則

「統合」「体系化及び包括」「組織への適合」「包含」「動的」「利用可能な最善の情報」「人的要因及び文化的要因」「継続的改善」

5．枠組み

「リーダーシップ及びコミットメント」「統合」「設計」「実施」「評価」「改善」

6．プロセス

「コミュニケーション及び協議」「適用範囲・状況及び基準」「リスクアセスメント」「リスク対応」「モニタリング及びレビュー」「記録作成及び報告」

# *1* 序文

## リスクマネジメントで組織のパフォーマンス改善や価値創造・保護ができる

序文に「この規格は、リスクマネジメントを行い、意思を決定し、目的の設定及び達成を行い、並びにパフォーマンスの改善のために、組織における価値を創造し保護する人々が使用するためのものである」とあります。「パフォーマンス改善」「価値創造と保護」の言葉により、**組織の成長には欠かせないことが明記**されています。成長と共にセットで考えるのがリスクマネジメント、この意味は後ほど解説するリスクの語源から考えると理解が深まります。

一体なぜ、序文に「パフォーマンス改善」「価値創造と保護」と記載されたのでしょうか。不祥事が発覚した後にまとめられる調査報告書が浮かんできませんか。社員の声がびっちりとつまったコメントを思い出さずにはいられません。「無駄な仕事が多い」「無駄な作業を止

める決意をしない」「言えない」「チャレンジしても評価されない」といった社員の言葉が列挙され、パフォーマンスの悪さが目立ちます。

　見えない部分の組織風土が劣化した状態だといえます。そうなると不正が発生しやすい風土が生まれます。30年間不正をしてきたダイハツ工業株式会社の調査報告書（2023年12月20日公表）では、「根本的な発生原因はタイトな開発日程。コスト重視を意識しすぎたため」「できない、と声をあげると叱責されたり、逆に仕事量が増えたりするために、声をあげないことや諦め感などが出てきている」とあり、改善されないまま放置されたケースであったことがわかります。

　筆者（木村）は、大手金融機関の破綻を経験しています。筆者がいた銀行だけではなく、当時の銀行は、バブルが崩壊したことで新しい戦略（積極経営から守りの経営）に基づき新しい組織となって組織を変えていかなければならなかったのに、社風や企業文化、意思決定のスタイルがなかなか変わらずに戦略転換が進まなかったといえると思います。「新しいぶどう酒は新しい皮袋に」という言葉がありますが、組織風土が劣化するとリーダーであっても正しい戦略的な意思決定ができなくなるのではないでしょうか。

　筆者（石川）が教育委員として参加していた会議では、事業評価に「新規」「継続」「検討」しかなく、「廃止」がありませんでした。「なぜ廃止がないのか。これでは永遠に事業が増え続けてしまう」と聞いたところ、「そういった発想がありませんでした」「止めると保護者からクレームが来る」との回答。止める決断をしなければ、現場は苦しむだけではありませんか。改善なしに仕事が増え続ければ現場は疲弊し、パフォーマンスは低下し、新しいチャレンジができなくなります。無駄な作業を見つける、止める決断をする、改善の声をあげられるようにすることがリスクマネジメントの第一歩だと示唆している重要な序文です。

# *2* 適用範囲

## 組織だけではなく個人の人生でも活用できる

　2018年版では「あらゆる組織が使用できる」と表現が簡素化されましたが、2009年版では「この規格は、あらゆる公共、民間若しくは共同体の事業体、団体、グループ又は個人が使用できる。※便宜上、この規格の使用者は全て"組織"という一般用語で表現する（2009年版適用範囲）」とありますので、この「組織」には、個人も含まれると考えてよいのです。なぜここで「個人」を強調しているかというと、不正や動機は「個人」に宿るからです。設計したり操作したりする人間のヒューマンエラー、コミュニケーション不足で起きてしまうケースが多い現実を考えると、一人ひとりがリスクマネジメントを身につけるのが近道なのです。

## 不正のトライアングル

　不正のトライアングル理論というのがあります。組織犯罪を研究する米国の学者ドナルド・R・クレーシーが理論化したもので、W・スティーブ・アルブレヒトがモデル化して「不正のトライアングル」と命名しました。とても分かりやすい理論で、3つの要素があると不正が生まれるとされています。

　3つの要素とは、「機会」「動機」「正当化」。「機会」とは、不正が出来てしまう環境・制度があることで、誰の目にも触れずに実行できてしまうこと。例えば、口座管理者が一人であったり、ダブルチェック体制がなかったりする環境を指しています。「動機」とは、経済的に困窮していて現金が必要だとか、過酷な労働環境で不正をしないと開発スケジュールが間に合わないといったプレッシャー、上司が厳しく叱責することへの恐怖心などです。「正当化」は、みんなやってい

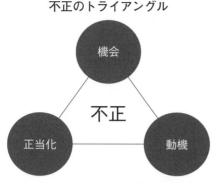

不正のトライアングル

ドナルド・R・クレーシー　理論化／W・ス
ティーブ・アルブレヒト　命名

るんだから、長年やってきたんだから、先輩から教わってきたやり方
だから、頑張って働いている自分を正当に評価しない会社が悪いん
だ、これくらいはたいしたことはないだろう、といった自己正当化の
考え方です。

## 突き詰めれば個人の生き方

　日本のリスクマネジメントが機能しないのはコンプライアンス体制
だけ作り、人間の感情リスクを配慮しないからだと思います。筆者
（石川）の周囲でも、ハラスメントを受けて会社を辞めている人がこ
の数年増えていると感じます。Yahoo! で情報発信しているため、直
接相談メールが来ることもあります。「大学のホットラインが学長に
なっているから意味がない」と憤慨していた人もいます。
　内部通報制度が整備されていても、通報先が人事部や社長室では、
通報制度として機能しません。実際、2006年に通報者を保護する法律
（公益通報者保護法）が施行されても、内部通報者への左遷といった
不利益や提訴が発生したため、公益通報者保護法は2022年に改正さ
れ、行政罰だけではなく、通報者の名前を漏らした「個人」に刑事罰

が科されることになりました。個人が行動を変えない限り不正は予防できないのです。いつまでも会社に言われたから、命じられたから、では個人の人生は守れません。

## 会社のために働くとは？　明暗を分けた二人の人生

　今回の改正で通報者の名前を漏らしただけで個人への刑事罰が科せられることなりました。厳しい法律だと感じるかもしれませんが、この背景には死闘した個人の物語が影響を与えています。オリンパスの社員であった濱田正晴氏は社内の内部通報窓口に、上司の不正（取引先からの引き抜きによる関係悪化）を訴え、関係改善とアドバイスを求める相談を行いました（2007年）が、ご自身の名前と通報内容が上司と人事に知られてしまったのです。その結果、濱田氏は左遷されてしまいました。その後も複数上司によるパワハラもあり、多くの嫌がらせを受けます。通常はここで鬱になる、会社を辞めるといったことになるのでしょうが、濱田氏はこれを不服として会社を提訴しただけではなく、在職中に実名顔出しで記者会見を行い世論に訴える選択をしたのです。その結果、1審で敗訴しましたが、2審で勝訴して確定しました。その後も法律改正のために働きかけをする活動を積極的に行い、国会の公益通報者保護法改正での審議にも参考人招致されて意見を述べました。

　「正直者が馬鹿を見る、そんな社会であってはいけないんだ、そんな思いでずっと闘ってきました。私は会社が大好きなんです。だから一生懸命働いて北米ではナンバーワンセールスを獲得しました。会社のためにもっと働きたかったのに、通報後に配属された部署には仕事がありませんでした。会社にとっても営業成績のよい私を活用しなかったのは損失となります。」（2022年10月5日、日本リスクマネジャー＆コンサルタント協会オープンセミナー　濱田正晴氏）

　経営者目線から考えるとパワハラなどの恐怖政治ではなく、社員が能力を発揮できる風通しのよい職場環境を作れば、業績もよくなりリスクマネジメントにもなります。

　粉飾決算で逮捕されたオリンパスの山田前常勤監査役（元副社長）は、「社長や専務に何度も損失の開示をしたが、何度も却下され、体も心もへとへとになり自殺を図ったこともある。今考えてみれば、思い切ってそのときに第三者に話をするなり、今でいう内部告発といったことをすれば、その時点でできたかなと思う」と裁判所で述べています。（「内部告発のケーススタディから読み解く組織の現実」P129-130）

　追い込まれてしまう様子が痛いほど伝わってきます。不正を発見してもその対処方法への判断を誤れば、自らが逮捕される事態になってしまうのです。このような状況から脱するには、一人ひとりが自分の人生を守るためにどう行動すべきか、個人のリスクマネジメントといった発想を持つ必要があるのではないでしょうか。

# 3 用語及び定義

## リスクは冒険から生まれた

　「用語及び定義」では、8つの言葉が解説されています。リスク（risk）、リスクマネジメント（risk management）、ステークホルダ（stakeholder）、リスク源（risk source）、事象（event）、結果（consequence）、起こりやすさ（likelihood）、管理策（control）。

　リスクとリスクマネジメントを詳しく解説し、他の用語は整理として記載します。特にリスクマネジメントは混同しやすいクライシスマネジメント（crisis management 危機管理）と比較しながら説明します。

　まずは、「リスク」です。定義されているリスクは、「目的に対する

不確かさの影響」となっています。しかし、この説明では、あまりにもわかりにくく頭がフリーズしてしまいそうです。筆者ら独自の切り口で解説します。

　リスクは、日本語にすると「危険」と訳されているため、「好ましくない事象」「マイナスなこと」と理解されがちですが、語源説から読み解くと全く違う世界が見えてきます。「リスク」は「risk」のカタカナ表現であり、もともとはラテン語（のちイタリア語）の「risicare（リスカイア）」で「勇気をもって試みる」です。ヨーロッパから航海に出て東方貿易に乗り出すこと、危険を承知で未来のチャンスを得ようとする「冒険」に由来するので「勇気ある試み」なのです。

　したがって、ヨーロッパ人からするとマイナスな意味というよりは、ポジティブな印象になるようです。こうなると「危険」という翻訳はミスリードになってしまっているともいえそうです。最初の翻訳で間違えてしまったが故に、リスクマネジメントがコストのかかる面倒なマネジメントといった印象にすり替わってしまっているのは残念なことです。

　本規格で定義された「不確かさ」という翻訳も広報を専門とする筆者（石川）はやや抵抗があり、「不」が不吉な印象を与えていると感じます。ここでは、リスクは「勇気をもって試みる」とする語源説を頭に叩き込み、「冒険」の歴史を思い起こしながら前向きな言葉とし

## リスクとクライシスの語源の違い

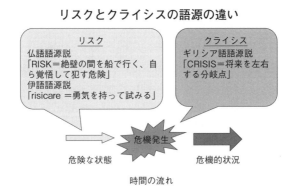

リスク
仏語語源説
「RISK＝絶壁の間を船で行く、自ら覚悟して犯す危険」
伊語語源説
「risicare ＝勇気を持って試みる」

クライシス
ギリシア語語源説
「CRISIS＝将来を左右する分岐点」

危機発生

危険な状態　　　　　　　　危機的状況

時間の流れ

て定義しておくと気持ちが楽になり、楽しめるようになります。そして、眉間に皺をよせるのではなく、ワクワクして取り組んでほしいのです。

## リスクマネジメントは「想像力」、未来にしかないから

では、「リスクマネジメント」はどう理解したらいいのでしょうか。「リスクについて、組織を指揮統制するための調整された活動」となっています。マネジメントもラテン語、イタリア語から来ており、「馬を手で制御する」の意味です。一言で言えば「なんとかする」ことです。筆者（石川）は、半年ほど乗馬訓練をした経験がありますが、さまざまな馬に乗ると全く性格も走り方も違うので、理屈ではなく、頭と体を使って、考えられるあらゆることをして乗りこなそうとしていたと思います。もう少しわかりやすく言うと、起こりそうなことを予測し、回避していく、そして起こってしまったら被害を最小限にしていきながらなんとかして目的を達成していくのがリスクマネジメントになります。リスクは未来にしかないので「想像力」のマネジメントともいえます。

## 危機管理は「ダメージを最小限にする」、もう消せないから

「リスク」「リスクマネジメント」と似た言葉に、「クライシス」「クライシスマネジメント」があります。「クライシス」は「crisis」の英語のカタカナで、日本語では「危機」と翻訳されています。語源はギリシャ語の「krisis」（もとは「krinein」）で「重大な分かれ目」「決定する」といった意味になります。

時間の流れでみると、リスクは現在進行形で動いている意味であり、クライシスは分かれ目になる重大な局面にあるといえます。まさに分離であり、生と死の分岐点という使い方がなされたりします。ク

ライシスマネジメントは「危機管理」と訳されています。危機が起こってダメージを最小限にする活動です。まとめるとリスクマネジメントは予測と回避に重点がある活動で、クライシスマネジメントは起きた後のダメージを最小限にする活動です。

　危機が起こった後もリスクというのは常にあるので、その意味でリスクマネジメントはより広い概念としてとらえることができます。信頼を獲得・維持しながら運営していく、将来起こりうる事象を予測・回避しながらチャレンジしつつ成長していくのがリスクマネジメント、信頼失墜するような局面が生じたらいち早く決断行動し、信頼回復のために活動するのがクライシスマネジメントです。なお本書では、クライシスマネジメントは今後「危機管理」として記載します。

リスクマネジメントと危機管理の位置づけ

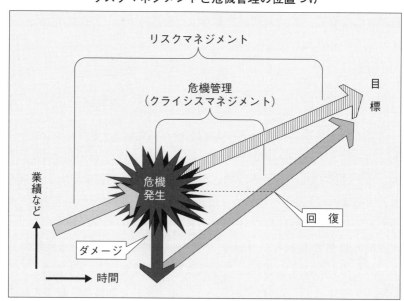

## 天気やゴルフでも

　筆者（木村）はリスクマネジメントの考え方を危機管理という言葉とセットで学生に説明しています。身近で最もわかりやすい例として、外出するときに雨が降っても濡れないで済むよう、折り畳みの傘を常に用意して持ち歩くのが「リスクマネジメント」で、傘を持たずに雨に降られてしまい、あわてて雨宿りの場所を探したり、コンビニエンスストアでビニール傘を買ったりするのは「危機管理」である、と言っています。

　ほかにも、ゴルフの例を出して説明したりしています。つまり、ゴルフ場でナイスショットではなくハザード（グリーン（ゴルフの球を最終的に入れる的があるところ）の前などにあるバンカー（砂場）や、ラフ（ゴルフホールでフェアウェイ以外の伸びた芝や草が生えているところ）に打ち込んでしまって、そこから挽回するのが危機管理、ハザードに打ち込まなくて済むように、日ごろから練習場で練習を積んでおくのがリスクマネジメントです。

　リスクマネジメントの特徴は、常に前向きで能動的であることです。リスクは常に未来に存在しており、リスクの要因であるハザード（有害性）は過去に存在します。過去は歴史、未来は神秘、現在は過去からの贈り物（英語の present には過去という意味と贈り物という意味があります）という言葉がありますが、まさに過去にあるハザードからリスクを学びリスクマネジメントすることで「危機」が生じるのを避けていくわけです。

　リスクマネジメントは chance of loss（損失の可能性）という言い方がありますが、逆に言えば、損失（loss）をコントロールして発生させないことで chance が生まれる、ととらえなおすことも可能です。

## 平時も緊急時もステークホルダを見失わない

　耳慣れない方もいると思いますが、組織を取り巻く様々な人々をステークホルダといいます。本規格では、「ある決定事項若しくは活動に影響を与え得るか、その影響を受け得るかまたはその影響を受けると認識している、個人または組織」と記載されています。経営者を中心に置くと、社員、株主、取引先、一般消費者、行政機関、地域住民、マスメディアといった組織や個人のことです。「利害関係者」とも言います。

　社員がいなければ商品やサービスは提供できませんし、社員が不正をすれば企業はダメージを受けます。スパイが入り込めば重要な技術情報を盗まれることもあります。消費者が不買運動をすれば商品が売れなくなります。取引先が工場火災で生産が停止すれば納品を受けられず商品の販売ができなくなります。報道が長引けば株価に影響したり、商品が売れなくなったりすることもあります。社会的なイメージが悪いと人を募集しても応募がなく人手が確保できないといったことも起きます。原発事故が起これば、風評被害で農産物が売れないといったことも発生します。過労死した社員の遺族への対応をおろそかにすれば記者会見をされてしまうこともあります。亡くなった方や遺族も重要なステークホルダに位置付けられます。

　組織や個人は単体で存在するのではなく、さまざまなステークホルダに囲まれ、それらの人々と良好な関係を築くことで持続的な発展ができるのです。平時も緊急時もステークホルダを見失わないようにするためにこの言葉は重要な重みを持つといえます。

　サンプルとして老舗食品メーカーのステークホルダマップも紹介しておきます。株主や投資家に対しては、技術力があって先進性や将来性がある、国際的にも通じると思われる関係を築いて株価を安定させる。一般生活者に対しては、料理研究家や栄養士といったオピニオンリーダーを媒体としながら、安心安全でおいしいね、信頼できるね、

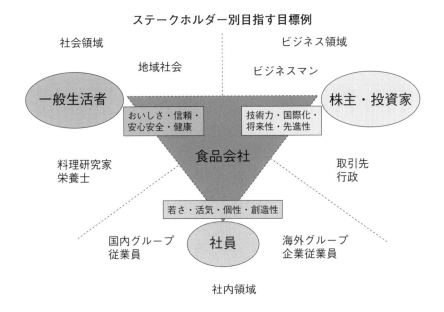

ステークホルダー別目指す目標例

社会領域　　　　　　　　　　　　　　ビジネス領域

地域社会　　　　　ビジネスマン

一般生活者　　　　　　　　　　　　　　株主・投資家

おいしさ・信頼・　技術力・国際化・
安心安全・健康　　将来性・先進性

食品会社

料理研究家　　　　　　　　　　　　　　取引先
栄養士　　　　　　　　　　　　　　　　行政

若さ・活気・個性・創造性

国内グループ　　　　社員　　　　海外グループ
従業員　　　　　　　　　　　　企業従業員

社内領域

健康になるね、と思ってもらえる関係性を築く。社員との関係性においては、老舗なので安定志向になることなく、常に活気や個性・創造性・若さといったキーワードで結ばれる関係性を目指す。そしてこれらの関係性を崩す要素が出てきたときにはそれを素早くキャッチして修正し、平時には売上向上、緊急時にはダメージを最小限にする行動を選択できる力が必要です。

## リスク源は小さな疑問

　リスク源は、リスクを生み出す原因のことです。最初は小さなもめ事、ちょっとした疑問、「あれ、それっておかしいんじゃないのかな」といったことです。本規格では、「それ自体またはほかとの組み合わせによって、リスクを生じさせる力を潜在的に持っている要素」となっています。ハザード（潜在的危険要因）といった言い方をする方もいます。防災では「ハザードマップ」といった言い方で地域におけ

る洪水、土砂災害、高潮、津波などのリスク情報、道路防災情報、土地の成り立ちや特徴を写真や地図で表示していますので、おなじみかもしれません。

　ハインリッヒの法則の中で、リスク源を考えるとわかりやすいでしょう。ハインリッヒの法則とは、1つの重大事故の背景には、29の小さい事故があり、その背後には顕在化しない異常が300あるとする理論です。米国の安全技師H・W・ハインリッヒが1931年に「産業災害防止論」の中で発表しました。「このままのルールでいいの？」「データ書き換えっておかしくない？」「不衛生だけどこれでいいの？」といった疑問や「言った、言わない、といったもめ事が絶えない、どうしてだろう」など小さなことを放置しておくといつか大きな事件事故が起きてしまいます。この小さなおかしい、「リスク源」を発見して改善し、少なくしていければ致命的な事故を防げるのです。

### ハインリッヒの法則
「おかしい」「危ないかも」＝リスクの芽
　　　　　　　　　　　　＝改善のチャンス
　　　　　　　　　　　　＝組織を救うヒント

　1つの重大事故の背景に29の小さな事故があり、さらに顕在化しない異常が300ある（米国の安全技師H.W.ハインリッヒが、1931年に『産業災害防止論』の中で発表）

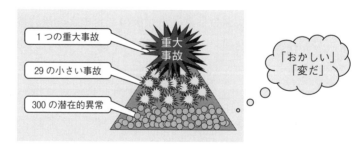

# *4* 原則

## ８つの原則でイノベーションを促進する

　「リスクマネジメントの意義は、価値の創出と保護である。リスクマネジメントは、パフォーマンスを改善し、イノベーションを促進し、目的の達成を支援する」が原則に記載されました。序文の文言に加えて「イノベーション」が入ったのは、リスクが冒険から始まったことを考えると当たり前ともいえます。リスクは常に未来にあり、私たちにワクワク感を与えるからです。このワクワク感なくして、これは駄目あれも駄目と強制するばかりだと経営はできません。この意義は原点として大切です。

　「原則はリスクマネジメントを行うための土台であり、組織のリスクマネジメントの枠組み及びプロセスを確立する際には、原則を検討

原則

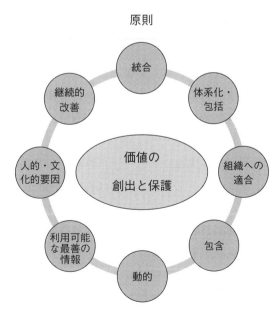

「ISO31000リスクマネジメント解説と適用ガイド」（日本規格協会）から筆者作図

することが望ましい」と明記されています。示された8つの原則とは、以下のとおりです。

　①「統合」
　②「体系化及び包括」
　③「組織への適合」
　④「包含」
　⑤「動的」
　⑥「利用可能な最善の情報」
　⑦「人的要因及び文化的要因」
　⑧「継続的改善」


## 社員をステークホルダとして忘れない

　「統合」「体系化及び包括」「組織への適合」はほぼ同じ意味で、他のISOとの連携や組織全体と整合性をもたせるようにしましょう、といった意味になります。

　「包含」はやや捉えにくい概念ですので、詳しく見ましょう。「包含：ステークホルダの適切で時宜を得た参画は、彼らの知識、見解及び認識を考慮することを可能にする。これが、意識の向上、及び十分な情報に基づくリスクマネジメントにつながる」。

　ステークホルダとは、組織内外の利害関係者のことで、社員やその家族、取引先、消費者、株主、地域住民、報道関係者といった方々になります。ステークホルダによって関心は異なります。社員は働く環境や給料、やりがいが関心事になるでしょうし、取引先は商品の納品や価格、消費者は商品の質やサービス、株主は成長性や株価の安定、地域住民は工場であればその安全性になります。これらのステークホルダに合わせた情報提供や教育といったことを全て考慮しながらリスクマネジメントせよ、という意味になります。

　しかしながら、残念なことに不正は社員や経営者、内部の人が行う

ケースが殆どです。外部からの攻撃や自然災害もありますが、その場合には企業側は被害者なので同じリスクでもダメージの大きさが異なります。企業への信頼を失墜させるのは組織的な不祥事です。社員が何を考えているか、どう働いているか、を考えることそのものがリスクマネジメントといえます。

## 倫理観や世論は変化する

「動的」はイメージしにくい言葉ですので詳しく見ましょう。「動的：組織の外部及び内部の状況の変化に伴って、リスクが出現、変化又は消滅することがある。リスクマネジメントは、これらの変化及び事象を適切に、かつ、時宜を得て予測し、発見し、認識し、それらの変化及び事象に対応する」。

これはリスクマネジメントの本質中の本質だといえる部分です。特定の部署がリスクを洗い出して対策を立てて終わりではなく、常に変化に敏感でありなさい、日常的に感性を磨いて対応していきましょう、というメッセージでもあります。戦後の混乱時期であれば大らかであっても、人々の倫理観が高まれば、厳しくなります。一例ではありますが、体罰などがわかりやすいでしょう。子どもや妻、社員を殴打するのは当たり前であった時代から、今や許されない時代となり、法律も整備されるに至っています。

もっとも今でも70代世代の中には、「女は殴ってなんぼや」と豪語する人がいるので「この世代がいる限り無理」と絶望的になることもあります。「昔は挨拶がわりに会社の女の子のお尻を触っていても許されたのに、今ではできない。不自由な時代になったもんだ」と嘆く50代男性友人の姿を見ると、ややあきれつつも、頭での理解はしていますから今後の改善に期待はもてます。

このように30年、40年としみついた行動習慣はなかなか変えられないのが現実です。時代の変化に追いつけない人達をどうしたらいいの

か、「動的」な要素を考えると最もハードルが高いのが世代間ギャップのようにも感じてしまいます。テクノロジーの進化もすさまじく、３か月でどんどん変化していますから、法律を追いかけても間に合いません。日々のコミュニケーションや報道で時代の移り変わりを感じながらリスクの動的要素に敏感になる必要があるでしょう。

## 想定外のことが起きた時にどうするかを決めておく

「利用可能な最善の情報」は推進するにあたって最重要な原則といえます。「利用可能な最善の情報：リスクマネジメントのインプットは、過去及び現在の情報、並びに将来の予想に基づく。リスクマネジメントはこれらの情報及び予想に付随する制約及び不確かさを明確に考慮に入れる。情報は時宜を得ており、明確であり、かつ、関連するステークホルダが入手できることが望ましい」。

リスクは予測できてこそ回避ができます。一方、後ほど解説しますが、リスクを理解して保有するという考え方もあります。全てのリスクを予測することは不可能ですから、予測不能なことが起きた時にどう行動するかを考えておく必要があります。それが危機管理マニュアルに相当します。

## 文化や風土が経営に与える影響を見逃さない

「人的要因及び文化的要因：人間の行動及び文化は、それぞれのレベル及び段階においてリスクマネジメントの全ての側面に大きな影響を与える」。人が集まれば雰囲気が醸成されます。それが文化です。「人間の行動・文化」は組織風土を指しています。「文化」や「風土」に対して耳慣れない感触を持つ人がいるかもしれませんが、組織風土の問題は、不祥事を発生した企業の多くで指摘されています。

文化と風土の違いを述べておくと、<u>文化は価値観が目に見える形で</u>

<u>共有</u>されているもの、能動的に作り上げているもの。一方、<u>**風土は自然に形成されて暗黙的に共有**</u>されているものになります。

## 行動規範の明文化がないと判断を誤ることも

　<u>**企業文化は、ミッション、ビジョン、バリューといった形で会社が目指す方向、社員の行動規範として明文化されている**</u>ものです。信条、社是、社訓といった言葉で表現されている場合もあります。

　例えば、オンラインフリマのメルカリであれば、グループのミッションは「あらゆる価値を循環させ、あらゆる人の可能性を広げる」としてあり、会社別のミッションは、メルカリについては「新たな価値を生みだす世界的なマーケットプレイスを創る」、メルペイは「信用を創造してなめらかな社会を創る」、メルコインは「多様な価値がめぐる新しい経済をつくる」、鹿島アントラーズ・エフ・シーは「すべては勝利のために」。バリューは「大胆にやろう」「全ては成功のために」「プロフェッショナルであれ」と社員の行動基準を示しています（2024年6月現在、会社HPより）。

　未上場企業の場合は、掲げている会社と掲げていない会社に分かれます。経理の人材派遣を手掛ける株式会社とんがりコラボでは、ビジョンとして「全関与先　黒字存続－いい仕事で社会にお役立ち－」、経営理念として「人生・経営・会計のあり方・やり方・あらわれ方を問い続け真の価値を創造・革新し人々の成長と企業の繁栄存続に貢献する」、経営理行として「職責を尽し、利他の心で思いやり」「今・ここに、自分が源泉全責任者」「顧客に感謝、思いを込め熱誠関与」「自分に矜持、専門とんがりの発揮」「仲間を信頼、結束和して一意専心」（2024年6月現在、会社HPより）とあります。やはり、企業が目指す姿と社員の行動規範として明文化されています。

　一方、2023年に保険金不正請求の不祥事が明らかになったビッグモーター社の企業サイトを閲覧すると、会社概要と沿革のみで、理念

も何もありませんでした。自分達の組織が大事にしたいこと、目指す
社会、企業理念が明文化されていない場合には、まずは、明文化する
ことから取り組む、既にある場合には見直すことから始めてみるのは
リスクマネジメントの近道かもしれません。

## 組織風土へのアプローチ

　組織風土は暗黙的に共有されているもので、組織で活動する人のメ
ンタルや行動に大きな影響を与えます。例えば、感情面では「信頼関
係がない」から「本音で話をしない」「困っていても助け合わない」
となり、仕事への向き合い方が「失敗は許されない」「どうせ言って
も無駄」「命令されたら動く」となり、結果として「ルールを守らな
い」「情報が伝わらない」「部門間に壁がある」といった行動面の弊害
が起こる状態です。不祥事を起こした会社の調査報告書にはこのよう
な社員コメントに溢れています。つまり、この8原則の中では、企業
の文化や風土へのアプローチが不可欠だとされているのです。

**組織風土とは**

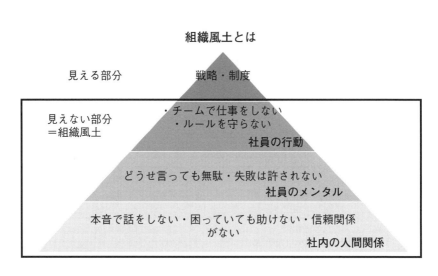

## 楽しく学べる環境づくりが継続改善になる

「継続的改善」は、成長に欠かせない原則です。「継続的改善：学び及び経験を通じて継続的に改善される」。第2章でも解説しますが、人は20分ごとに忘れていくようです（エビングハウスの忘却曲線）。だから、継続して学習していかなければなりません。かといって苦痛な学びはしたくありませんから、いかに楽しくしていくか。どんどんやりたくなる工夫が必要です。

# 5 枠組み

「リーダーシップ及びコミットメント」
「統合」
「設計」
「実施」
「評価」
「改善」

## 方針変更は恥ではない

「リスクマネジメントの枠組みの意義は、リスクマネジメントを組織の重要な活動及び機能に統合するときに組織を支援することである。リスクマネジメントの有効性は、意思決定を含む組織統治への統合にかかわっている。そのためには、ステークホルダ、特にトップマネジメントの支援が必要である」とされています。

　枠組みの要素として中心となるのは「リーダーシップとコミットメント」。リーダーシップはそのままの意味であり、コミットメントとは、公約になりますから、実行責任を伴った約束ごととになります。ですので、前述したような企業理念や行動基準の明文化がまず必要

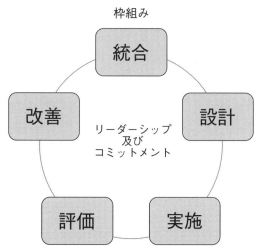

枠組み

統合

設計

実施

評価

改善

リーダーシップ
及び
コミットメント

「ISO31000リスクマネジメント解説と適用ガイド」（日本規格協会）から筆者作図

で、リスクマネジメントは、その「組織の目的、戦略及び文化と整合させる」必要があると記述されています。これを構築した上で「設計（Plan）」「実施（Do）」「評価（Check）」「改善（Action）」「統合」と回していきます。

　具体的には、リーダーがリスクマネジメントの方針を表明し、「組織内外のステークホルダ（利害関係者）にも伝達して評価改善をしていきなさい、ということです。注目に値するのが、「ステークホルダの期待を反映することが望ましい」としている点です。開示するだけではなく、組織が発する情報に対する外部ステークホルダの意見をしっかりと把握する必要があるとする考え方が、時代を反映しているといえます。

　筆者（木村）がいた銀行は、方針変更できず破綻してしまいました。もともと半官半民といいますか国策銀行でしたが日本も企業も成長していく中で次第に存在意義を失っていきました。そこで商業銀行ではなく投資銀行になって生き残るという方向性を持ち一丸となって邁進しようとしていたさなかにバブルが生じ、いつの間にか今から言

えば安易な土地担保融資や、あるいは企業が本業でなく財テクにまい進するのを促進させる、量や目先の利益優先に走り、利ザヤがたくさん取れて銀行が儲かる案件を「美味しい案件」と称し、銀行全体がせっかくの方針転換をやめてしまったのです。一等地ではあるがプロジェクトが大きすぎて、土地担保だけで巨額融資を行うには問題点があり、競合銀行との競争だけでなく、銀行内の競争（部店表彰制度で上位に入るかで所属員のボーナスが左右されるだけでなく営業店長の出世に影響）にさらされる中、融資を迫られ苦悩した上司の姿を思い出します。

　危機発生後に一度発表した方針であっても、その方針に固執するとダメージが広がるリスクがあると思ったら方針を変更してもいいのです。宝塚歌劇団の現役タレントが自殺した事件で、宝塚経営陣は最初に発表したハラスメントを認めない調査報告書に批判が殺到し、遺族からの要請により掲載そのものを取り止めました（2023年12月18日）。ビッグモーター社の社長が記者会見の冒頭では、「工場長が勝手に不正を行った。だから工場長を刑事告訴する」と意気込んでいたところ、報道陣から「告訴するって、あなたは被害者なんですか」と質問され、はっとしたのでしょう。記者会見の最後には「工場長の刑事告訴は止めます」と撤回しました。ジャニーズ性加害問題で、ジャニーズ事務所は最初の会見で性加害を認めて謝罪した際に、社名は変更しない方針を発表しましたが、犯罪者の名前を変えない方針への批判が相次ぎ、1か月後には社名変更した上で被害者の救済補償を行った上で廃業すると発表しました。自分達ではいいと思っていても発表したら批判されることはあります。その際に方針を変更してもいいのです。方針変更は対話の結果ですが、恥ずかしいと思う必要はありません。

## ヒューマンエラーと視点磨き

　茨城県神栖市では2022年に5か月の間に5回、個人情報が漏洩するミスが発覚しました。市民にメールを送る際にBCCにしなかったことから受信者は他人のメールアドレス全員分がわかるようになってしまった、行政決定通知書が誤って別人に送付された、滞納者の預金を差し押さえる際に誤って別人の口座を差し押さえた等です。情報セキュリティに係る研修を職員は定期的に受けていたにも関わらず、連続して次々と似たようなミスが生じてしまったのはなぜなのか。メール送信作業時に多数のアドレスが設定された場合にはPC画面上に警告表示が出る仕組みでしたが、ルーティーン業務に流されてしまう状況の中で思い込みが生じ、確認・動作・記憶の3つのヒューマンエラーが重なってしまったのです。

　ヒューマンエラーには、3タイプのエラーがあります。

①**ミステイク**（確認ミス：錯覚、勘違いなど）

②**スリップ**（動作のミス：やりそこない、押し間違いなど）

③**ラプス**（記憶のミス：やり忘れ）

　この自治体でのミスでは、警告表示の確認ミス、そのまま送信してしまうという動作のミス、警告表示が出てくることをいわば忘れていたという記憶のミス、の3つが生じたといえましょう。

　ヒューマンエラーは、原因となるケースが多いのでさらに掘り下げて考えてみましょう。ヒューマンエラーには狭義と広義があります。狭義のヒューマンエラーとは、うっかりミスや錯覚などにより「意図せずに」行うこと。広義のヒューマンエラーは、行為する人がその行動に伴う「危険」を認識しながらも「意図的に」行うこと。たとえば、制限速度40キロ／時速なのに前の車とか車の流れにともなってつい50キロ出してしまうケースなどの不安全行動がこれにあたります。

　狭義のヒューマンエラーに対しては、人間工学や心理学などを生か

したシステム作りで対応し、広義のヒューマンエラーに対しては、行為者が「不安全行動」を行わないようにする対策、つまり、状況の改善や、組織の風土改善などを行う対策があります。

　組織として再発防止につなげるには、第一に他の人のヒューマンエラーや思い込み、失敗を組織内で共有することです。第二に逆転発想アプローチ、どうすればミスが起こるのか、失敗するのかを創造的に考えること、失敗パターンを見出し、その要因を一つ一つ消していく対策を常に考えることではないでしょうか。

　そして追い込まれた状況においても、基本の視点は常に最悪の事態を想定して行動すべし（意図的悲観主義者：インテンショナル・ペシミスト）です。「**鳥の目**」（危機のさなかに陥ると全体像がみえなくなり指示をまちがう）で俯瞰して見る、「**虫の目**」（細部を見落とすことで重大なミスが発生するためミクロにも注意する）、「**魚の目**」（常に状況は変化していくため、予めタイムラインの設定や、あらゆる可能性を列挙しながら見ていく）の３つの目、多様な視点で判断していくことが肝要です。自分の視点からだけではなく、３つの視点で物事を見る力を養うことが日常に必要な訓練といえます。

# 6　プロセス

第1ステップ「記録作成及び報告」
第2ステップ「適用範囲・状況及び基準」
第3ステップ「リスクアセスメント1（特定）」
第4ステップ「リスクアセスメント2（分析）」
第5ステップ「リスクアセスメント3（評価）」
第6ステップ「リスク対応」
第7ステップ「コミュニケーション及び協議」
第8ステップ「モニタリング及びレビュー」

## 失敗を記録する文化をつくる

「リスクマネジメントプロセスには、方針、手順及び方策を、コミュニケーション及び協議、状況の確定、並びにリスクのアセスメント、対応、モニタリング、レビュー、記録作成及び報告の活動に体系的に適用することが含まれる」とされています。

リスクアセスメントとは、リスクを洗い出していく「リスク特定」、起こりやすさとダメージの大きさから数値化する「リスクの分析」「評価」の３つを指しています。具体的に進めるにあたっては、「全体にわたって、人間の行動及び文化がもつ動的で可変的な性質を考慮することが望ましい」と記載され、ここでも人間の行動と文化が出てきます。そして、「しばしば逐次的なものとして表されるが、実務では反復的である」とされています。

図で考えると一目瞭然です。両輪を支えるのが、コミュニケーション（対話）とモニタリング（考察）とレビュー（評価）。全体を支えるのは「記録と報告」。社内に根付かせていくという意味では、前述した組織風土を改革し、よい企業文化につなげていくことです。具体的には順次解説していきますが、最初にイメージをもってもらうために事例を紹介します。

たとえば、キヤノン系の子会社では失敗を活用につなげる組織作りをしています。社員用に失敗事例や成功事例記入シートを用意。結果よりも原因究明を重視し、事前にチェックできなかったことではなく、なぜチェックできなかったのかを反省して、体制不備やコミュニケーション不足等の原因を記入するフォームになっています。週１回の勉強会では、他部門の事例を取り上げ、自部門に置き換えてシミュレーション。さらに、記入件数が多い社員を「教育的事例を積極的に提供した」という名目で表彰。

この取り組みの成功のポイントは、報告された失敗をマイナス評価しないこと、失敗を単に事例として蓄積するのではなく疑似体験で身

につけていること、そして、失敗を生かす組織としている点です。
(NTTアド発行「目黒発」vol.19)

　フォームに記入して失敗を「記録」していますし、週1回の勉強会で原因について考察（モニタリング）・討議（コミュニケーション）し、表彰で「評価（レビュー）」しています。記録は、早く失敗を忘れたい人にはハードルが高いものです。自社内の過去の失敗を記録して語り継げている会社はどのくらいあるでしょうか。個人であっても自分の失敗はそっと仕舞い込んでおきたいものですから。ここを乗り越えるには、ルール化してしまうことや、話すと称賛されたり、ほめられたりする仕組み作りは不可欠です。メリットがあれば開示できるからです。それが企業文化として根付けば強い組織になるでしょう。

　医療業界でも改善の努力がなされてきています。医療の世界では有名な横浜市立大学病院患者取り違え事故（1999年）や都立広尾病院消毒薬誤点滴事故（1999年）、京都大学医学部付属病院における滅菌精製水とエタノール取り違えによる死亡事故（2000年）などが立て続けに生じ、医療安全のためにインシデント事例の収集・分析システムの確立が早急に求められました。インシデントというのは、実際には事故にならなかったものの、ヒヤリハットとした、事故に至る流れ・つながりの萌芽のものであり、それらをしっかり記録にとどめ、報告するというシステムです。そしてここでの大事なポイントは、決してインシデントを隠さないこと、インシデントを報告することは逆に称賛されることであるという、トップおよび病院全体での共有意識づけを行うことでした。インシデント報告がなされることで重大事故は明らかに減ります。インシデントが隠されずに報告しやすい組織、風土づくりがベースとなってます。

　失敗を記録する風土づくりのためには、「責任追及」ではなく、「原因追究」のルール作りが欠かせないのです。

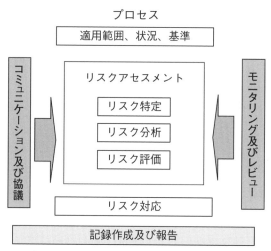

プロセス

適用範囲、状況、基準

リスクアセスメント

リスク特定

リスク分析

リスク評価

リスク対応

コミュニケーション及び協議

モニタリング及びレビュー

記録作成及び報告

「ISO31000リスクマネジメント解説と適用ガイド」（日本規格協会）から筆者作図

## 第1ステップ「記録作成及び報告」

　さあ、プロセスに従ってやってみよう、と思っても、プロセス図だけではどこから手をつけたらいいかわかりません。自社内で行う場合にはステップで分けてみるとよいでしょう。本規格のプロセスでは、全体像だけで厳密なステップを説明していませんが、ここでは全体像を8段階のステップに分解して解説を進めていきます。プロセス図の一番下にある「記録」を第一ステップとします。

**記録はステークホルダとの関係性の質を高める**

　本規格では「報告は、<u>ステークホルダとの会話の質を高め</u>、トップマネジメント及び監督機関が<u>責任を果たすように支援する</u>ことが望ましい」と明記されています。

　記録の目的は

「組織全体にリスクマネジメント活動及び結末を伝達する」

「意思決定のための情報を提供する」

「リスクマネジメント活動を改善する」

「リスクマネジメント活動の責任及びアカウンタビリティをもつ人々を含めたステークホルダとのやり取りを補助する」

　記録しないまま進めるとどんどん忘れてしまいますし、議論が空中戦になるリスクもあります。日常会話であっても「言った」「言わない」でもめるのはよくある風景ではないでしょうか。それほど人間は言い間違い、受け取り間違い、思い込みが激しいのです。記録がないために、不毛な時間を費やしたり、関係性が悪化したりすることもあります。関係を良好にする、健全にする、質を高めるためにも記録は大切です。

　考慮する要素として「様々なステークホルダ、並びにそれらのステークホルダに特有の情報の必要性及び要求事項」と記載されています。地域住民であれば安全性に関する情報に関心があり、株主は業績の動向に関心があり、取引先は納品情報が必要などステークホルダごとに関心情報が異なるためです。それぞれに対する説明責任を果たすためにも議論の経緯を記録する必要があるとする考え方に立脚しているといえます。

　なお、記録は、グループ討議であれば付箋やホワイトボードでもいいです。付箋やホワイトボードなら作成した後、撮影しておきます。オンラインのチャットなら保存。今はオンラインツールで手軽に録画もできます。

**関係の質が結果の質になる「成功の循環モデル」**

　「関係の質を高める」ことは、「思考の質を高め」「行動の質を高め」「結果の質を高め」るとする「成功の循環モデル」があります。きちんと記録することが会話の質や関係の質を高める第一歩なら、誰もが取り組めるということでもあります。反対に、記録がなく、言った言わないといったことはもめ事の原因となり、責任転嫁や経営者の責任

## 成功の循環モデル

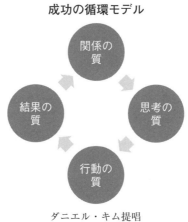

ダニエル・キム提唱

逃れにつながります。

　たとえば、宝塚歌劇団の現役タレントが自殺した件では、上級生が下級生にヘアアイロンを押し付けたとされる訴えがありましたが、劇団側の調査報告書では、「よくあることなので記録がない」と記載されていました。記録がないのが本当かどうかはわかりませんが、記録がないと問題解決を長期化させてしまいます。その意味で記録のルール作りは社員や組織を守る意味で重要な位置づけといえます。記録がなければ、関係の質が悪化し、思考の質が悪くなり、行動の質が悪くなり、結果として結果の質も悪くなるからです。

### 記録でバイアスを克服する

　記録の習慣は情報の整理や思い込みの克服にも役立ちます。危機発生時の判断の失敗でよく出てくるのが「バイアス（思い込み、偏見、先入観）」だからです。災害心理学では避難しないときに働く人間の心理として、「正常性バイアス」が指摘されます。「正常性バイアス」とは、自分に都合の悪い情報を無視する現象のことで、「ここは大丈夫」と目の前に迫る危機を現実として受け止められず過小評価して逃げ遅れてしまう時の心理状況を指します。反対に自分に都合のいい情

報を集める現象は「確証バイアス」といわれています。

　このように自分の思い込みや周囲の環境で非合理な判断をしてしまうことを総称して「認知バイアス（アンコンシャスバイアス）」といいます。200種類あると主張している研究者もいますが、それだけ人は思い込みに陥りやすいということです。バイアスを全て排除するのは難しいと思いますが、バイアスの特徴を理解し、自らそこに陥らないための努力は必要です。疑ってみる、反対側から見る、事実と意見を分ける、記録するなどです。リスクマネジメントにおける全ての段階で先入観や思い込みがムクムクと起き上がってきたらすぐにわかるようにするためにも記録は有効です。

　ただし、記録があっても読み解く力と想像力、リスク感性が必要であることはここで指摘しておきます。2023年に発覚したビッグモーターの保険金不正請求では、取引先の損保ジャパンはビッグモーターの社内報告書に疑義があると認識しつつ、未来志向という聞こえの良い大義名分の下、追加調査も実施しないまま取引を再開してしまいました。損保ジャパンの調査委員（2023年10月10日中間調査報告書）は「それが損保会社のレピュテーションをいかに低下させるおそれのある高リスクの判断であるかという認識ないし**想像力が決定的に乏しかったと言わざるを得ない**」「**正常性バイアスの影響**が見て取れる」と指摘しています。最終的には一人ひとりの感性を研ぎ澄ますことがリスクマネジメントの最終目標にならざるを得ないのです。

---

COLUMN

## なぜ流言は発生するか

　特に災害時においては、必ずと言ってよいほど、流言やフェイクニュースや偽写真などが SNS を通じて飛び交います。東日本大震災のとき、「千葉県市原市のコスモ石油千葉製油所のガスタンク爆発事

故の際に、有害物質が雲などに付着し、黒い雨が降る」、といった全く根拠の無い情報が、ネット、SNSを通じて拡散されました。2024年1月1日に発生した能登半島地震では、救助要請のデマが出回りました。

　災害時の流言はなぜ起きるのかというと、情報が欲しいのに正確な情報が無い、こうしたメカニズムは、オルポート＝ポストマンが、**Rumor（流言・うわさ）＝ Importance（重要性）× Ambiguity（曖昧さ）、という「流言の拡散の公式」** としてまとめています。

　ここに「人々の不安な心」が加わると加速すると筆者（木村）は考えています。決して悪気のない「善意による拡散」が生じてしまうのです。善意による拡散とはどういうことかというと、人間の他人を愛する、助けたいという愛他的な心理からの行動が災害時には特に現れやすい、ということです。また、危機的状況（被災）に陥ると、他人を助けたいと考える、そうした愛他的行動に加え、「情報に対する欲求と伝達欲求の相乗」という心理効果も生じます。これは、不正確な情報でも収集した以上信じたい、そしてその情報を善意で人に伝えたい・教えてあげたい、人を助けたい（思い込みであっても）と考える心理ですが、企業の不祥事においてもありえるのではないでしょうか。自分の会社を助けたい、自分の会社は正しい、と善意による思い込みにより、誤った情報であっても、信じ、拡散し、まわりがみえなくなってしまう状態です。

　これは、**フィルターバブル** とも言われていて、インターネットの検索サイトが提供するアルゴリズムで、各々のユーザーが見たくないような情報を遮断する（フィルター）機能によって、自分の見たい情報しか見ない、あたかもバブル（泡）の中にいるような状態になってしまう情報環境のことです。

　似た言葉で**エコーチェンバー** といった言葉もあります。反響室の中にいるように、自分と同じ意見や考えの表明が、ネット空間の中の狭いコミュニティの中で延々と続いていくために、自分の意見が強化・増幅されていき、自分の意見の正当性にゆるぎがなくなっていく状況

に陥っていきます。いずれも「確証バイアス」といえます。このような状況から抜け出すには反対の視点で見る、得ていない情報は何かを推測する、一旦書き出して整理して客観視するといったプロセスを入れるとよいでしょう。

## 第2ステップ「適用範囲・状況及び基準」

**現状確認は周囲を見渡してステークホルダマップを描く**

　第2ステップは、「適用範囲、状況、基準」です。適用範囲については「様々なレベル、例えば、戦略、業務活動、プログラム、プロジェクトまたはその他の活動で適用されるため、検討の対象となる適用範囲、検討の対象となる関連目的、並びにそれらと組織の目的との整合を明確にすることが重要である」と記載されています。

　どこにでもリスクはあるから、その都度事業目的と照らし合わせてリスク出しをして選択せよ、ということです。端的に言えば、何が起こると会社は事業継続できない状況になるのか、を考えておくことです。

　前述したように何を大事にして事業を展開していくのか、ミッション、ビジョン、バリューがなければそこから取り組むのがよいのだろうと思います。ここではより具体的なイメージを持つためにステークホルダの洗い出しと関係構築についても考えてみましょう。「うちの会社は小さいからそんなもの必要ないんだ」と言ってしまうと、事業を進めていくうちに何を大事にする会社だったのかを忘れてしまい重要な判断をする際に誤ってしまいます。

　さきほどはメルカリととんがりコラボの事例を紹介しましたが、ここでは別会社の事例を紹介します。株式会社 AGENCY　ONE では、社員は数名でプロジェクト型にて推進する広報PR会社です。ミッションには「それは、『企業の人格』～調和による安心な社会を創る主体たれ～」とする企業理念を掲げています。「私たちのミッ

ションは日本の企業社会において、特に中堅・中小企業に『企業ブランディング』の『文化』と『能力』を醸成し、『当たり前』の営みとして定着させることです」とあり、中小企業が重要なステークホルダであると明記されています。行動指針は「良心主体：私たちは常に『良心』に基づき、自らが主体となり、行動します」「良好関係：私たちは関係するすべてのものと相互に『みる、きく、かんがえる、はなす』ことを継続することにより、良好な関係を構築します」「最良人格：私たちはすべての企業が最良の『企業の人格』を形成できるように共に行動します」「価値永続：私たちは『理解と信頼が創る企業価値』こそ企業永続の源泉であることを確信します」と具体的に示しています。

## 第3ステップ「リスクアセスメント1（特定）」

**予防系、半予防系、非予防系リスクで整理するメリット**

　リスクアセスメントとは、どこにリスクがあるか特定し、その原因を探り、対応の優先順位を決める一連の流れのことになります。

　リスクの特定については、「さまざまな手法や要素から特定することが望ましい。考え方としては、有形無形のリスク源、原因及び事象、脅威及び機会、脆弱性及び能力、外部や内部の状況変化、新たに発生するリスクの指標、資産や資源の性質や価値、結果や結果が目的に与える影響、知識の限界及び情報の信頼性、時間に関連する要素、関与する人の先入観、前提や信条」と記載されています。

　「リスクの特定」では、洗い出す作業が最も重要です。なぜなら**洗い出せなかったリスクは対策が打てない**からです。そのため、予想できないことが発生した際にどうするかもリスクとして出しておくとよいでしょう。リスクの洗い出しは業種や業界によって異なります。リスクの洗い出し方は、保険でカバーできるかできないかといった視点で純粋リスク（損しかないもの）とビジネスリスク（チャンスもある

　もの）といった分類から出してもいいのですが、ここでは予防系リスク、半予防系リスク、非予防系リスクの３つの視点からの分類（真田照三）とします。分類はシンプルな方が覚えやすく、発生時の第一報を出す際の方針の判断がしやすいためです。

　予防系リスクとは、リスクの原因が企業内部にあるもので、発生が予見、予測できるため対策を講じることができるもの。経営体制であれば、「トップの突然死」「後継体制や後継者を巡る内紛」「経営者の私的問題（飲酒運転等による逮捕や愛人問題、性癖等）」、株関係であれば「敵対的買収」「Ｍ＆Ａ」「インサイダー取引」「株主総会の混乱」「経営者の失言による株価下落」、販売管理であれば、「代理店契約におけるトラブル」「販売カルテル」「不当表示（産地偽装、消費期限の書き換え）」、人事管理であれば「競合他社からの引き抜き」「人手不足」「ハラスメント」「差別問題」「内部告発」「社員の私的事件（暴力事件など）」、労務管理であれば「組合活動（スト）」「過労死や自殺」「サボタージュ」、その他「投資や債権リスク」「消費者運動や市民運動」「暴力団や右翼との取引」海外事業であれば「民族問題」「翻訳による誤解」「モラルの違い」「法制度や報道の違い」。

　企業過失として考えられるのは、製造メーカーであれば「欠陥商品の発生による製造物責任」、食品メーカーであれば「食中毒の発生」「異物混入」、工場や施設を運営している企業であれば、「火災や爆発事故」「有害物質の発生」、輸送交通機関であれば、「船舶や鉄道事故による死傷者」、企業内犯罪は、「脱税、粉飾決算、横領、背任、贈収賄、機密漏洩、不正検査、不正請求」など、違法レベルから不適切レベルまで様々あります。五輪談合や保険金水増し請求という業界の慣例であっても、ジャニーズ事務所性加害事件のように時効になっている事件であっても報道されることで信頼が失墜し経営危機に陥ります。内部要因によるリスクですから実際に発生した際のメインメッセージは「お詫び」となります。

　半予防系リスクとは、リスクの原因が外部にあり、発生の予見はで

## 要因別リスク

| 予防系<br>リスク要因が<br>組織内に存在 | 経営体制（トップの突然死、後継者を巡る内紛、トップの私的問題：愛人、性癖等）<br>株（敵対的買収、M＆A、インサイダー、対応失敗による株価下落）<br>管理部門（談合、不正表示）<br>人事部門（過労死、サボタージュ、組合運動、自殺）<br>組織内犯罪（横領、背任、収賄、秘密漏洩、文書偽造、脱税等）<br>過失（管理施設での事件や事故：爆発・火災、食中毒、事故死等） |
|---|---|
| 半予防系<br>リスク要因が<br>外部に存在 | 対組織犯罪事故（毒物混入脅迫、襲撃、サイバーテロ、フェイクニュース、強盗）<br>知的財産（産業スパイ、技術持ち出し）<br>訴訟（取引先、顧客、社員から） |
| 非予防系<br>社会全体のリ<br>スク | 大恐慌、戦争、政変、パンデミック、天災<br>世界的な株価暴落 |

きるが、対策を十分に講じることができないものになります。「毒物混入」「企業脅迫」「トップの誘拐や人質」「フェイクニュース」「強盗」といった外部からの脅威で、「産業スパイ」「サイバーテロ」「顧客リストの持ち出し」などの知的財産系や新しい法律による「規制強化や緩和」「相場変動」「取引先企業の倒産」「訴訟」などです。発生した際には、外に敵がいるため、この場合の第一報はお詫びではなく、敵に有利な情報を出さない、が方針軸となります。

　非予防系リスクは、企業努力で予防できないもの、リスクが企業だけではなく社会全体に及ぶものになります。予見が難しく、突然発生してしまうので想定外リスクとして位置づけてもいいかもしれません。たとえば、「地震や台風、火山噴火、異常気象、パンデミック」といった災害が典型的です。その他、「戦争や内乱、政変、貿易摩擦」といった政治的・国際的な異変や、「オイルショックや株価大暴落、リーマンショック」といった経済的・社会的異変がこれにあたります。社会全体のリスクが実際に起きてしまった際には、「お見舞い」「哀悼」といった言葉が第一報としてふさわしいといえます。

## リスク出しは300以上を目指す

　リスク出しはまずは300以上を目標にするといいでしょう。その理

由は、リスク源で説明したように、1つの重大な事故の背後に29の小さい事故があり、その背後には300の潜在的異常があるとされている「ハインリッヒの法則」があるからです。

　2004年3月26日に六本木ヒルズビルの回転扉で生じた小学生がはさまれて亡くなった事故は、まさにハインリッヒの法則に当てはまる事故でした。六本木ヒルズ内で同種類の大型自動ドアに挟まれた事故をさかのぼると、2003年6月9日に8歳の男児が首を挟まれたという事故から、2004年2月1日の女児が左足を挟まれ打撲した事故まで1年の間に32件の事故が発生していました。そして2003年12月21日に女児が左足をはさまれ打撲したケースでは、2004年の死亡事故と状況が似ていたとのことです。そのとき、ハインリッヒの法則に少しでも思いがおよべば事前にリスクマネジメントを行い、痛ましい事故は防げたのではないかと思われます。

　筆者（石川）は教育委員であった時に市内の児童がアレルギーで事故死した時に実感をしました。調布市では2012年に給食で食物アレルギーのある小学生がおかわりをした際に除去食ではない食事を受け取ってしまい、アナフィラキシーショックを起こしてしまいました。事故後に過去を遡ったところ、2年間で24件の給食中のアレルギー事故が起こっていたことが判明したのです。いずれも軽度であったため、公式な会議で報告共有されていなかったのです。共有がされていたら原因を考え対策を打てていたと思います。

　筆者（木村）はハインリッヒの法則にのっとって事故を予測して予防した経験があります。勤務先大学の開学1年目、三叉路で学生の運転する車によるちょっとした車同士の接触事故が頻繁に続きました。今は右折のレーンがありますが、当時はなかったので、上から降りてくる車がよくみえない（見通しが悪い登り路）状況でした。学生部では、自動車事故の写真を貼るなど、注意喚起を促しましたが、20件小事故が続いたことから、これはヒヤリハットと判断。小さい事故がこんなに出たということは、このままではハインリッヒの法則からする

と大きな事故が起こる日も近い、と考え、リスクマネジメントの観点から早速行動しました。学生に注意を促す一方、市役所や警察にお願いし、右折レーンをつくってもらい、事故を減らすように「予防」を行いました。その結果、今は事故が無くなっています。ハインリッヒの法則を踏まえ、リスクマネジメントを行った成功例です。

　気が遠くなるかもしれませんが、一人30個考えて10人が出し合えば300は難なく達成します。6人でリスク出しを行った際には1,000件出すことができました。現場が日頃不安に思っていることを洗い出せば簡単に300は達成できます。

## 第4ステップ「リスクアセスメント2（分析）」

### 頻度とダメージで数値化して分析する

　第4ステップ「リスク分析」、第5ステップ「リスク評価」、第6ステップ「リスク対応」はワンセットでとらえます。まずは、第4ステップ「リスク分析」は、洗い出したリスクを起こりやすさとダメージに分解した図を描きます。検討すべき要素としては「事象の起こりやすさ及び結果」「結果の性質及び大きさ」「複雑さ及び結合性」「時間に関係する要素及び変動性」「既存の管理策の有効性」「機微性及び

### リスク分析・評価・対応の流れ

Ⅰ：発生頻度も高く発生した際のダメージも大きい
Ⅱ：滅多に発生しないが、ひとたび発生するとダメージが大きい
Ⅲ：発生頻度は高いが、ダメージはそれほど強くない
Ⅳ：滅多に発生せず、発生時にダメージがあまり大きくない

●→　リスクは変化する
⇨　コントロールの方向性

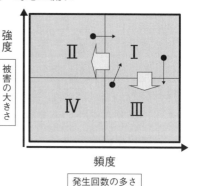

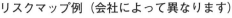

リスクマップ例（会社によって異なります）

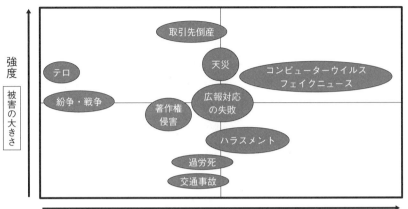

機密レベル」と解説されています。難解にみえてしまいますが、頻度と強度の軸で分析した図にすると一目瞭然です。この中に落とし込みます。頻度については月1回、毎日といった軸を自分達で決めます。被害の大きさは金額や報道レベルを記載します。被害金額なら1億円、10億円と具体的に記載します。報道であれば全国報道されるかどうか、といった軸にします。全国報道されれば広告換算で1億円以上となり、信用失墜、売上減少につながり、ダメージは深刻になるためです。

　Iは、発生頻度も高く発生した際のダメージも大きいリスクです。例えば、サイバー攻撃は恐らく月1回以上日本の企業は受けている可能性があり、システムダウンが長く続けば深刻な被害となります。フェイクニュースも今後増えていくリスクになるでしょう。トップが危険地域への海外出張が多い場合も、トップの突然死や行方不明リスクもこのIエリアに配置されるでしょう。創業間もない会社であれば事業継続が困難になる深刻なダメージをもたらすからです。特殊技術を持つメーカーでは、産業スパイも一度入り込まれると技術流出で競争力が低下してしまい、コンピューターウイルスと同じ打撃がありま

すから「回避すべきリスク」なのですぐに対応策を講じなければなりません。

Ⅱは、滅多に発生しないが、ひとたび発生するとダメージが大きいリスクです。地震や台風による工場の崩壊、食品会社であれば毒物混入といったリスクになります。自然災害や外部からの攻撃はここに配置されるケースが多いといえます。

Ⅲは、発生頻度は高いが、倒産するほどではないリスクです。社員の横領、ハラスメント問題、文書偽造といった内部要因のもの、社員関連の労務トラブル系が多く配置されるでしょう。

Ⅳは、滅多に発生せず、発生時のダメージも大きくないリスクです。物品の盗難、社員の交通事故などになります。

## 第5ステップ「リスクアセスメント3（評価）」

### 優先順位を決めてなぜ5回

第5ステップ「リスクの評価」の目的については「リスク分析の結果に基づき、どのリスクへの対応が必要か、対応の実践の優先順位をどうするかについて意思決定」することとされています。300以上も洗い出しをするとどこから手を付けてよいかわかりませんので、優先順位をつけるために、頻度が高くダメージも大きい「Ⅰ」に配置された「回避すべきリスク」から、なぜ起こるのか、原因は何かといった観点から要因分析します。

要因分析は難しくならないようシンプルに「なぜなぜ5回」をお勧めしています。「なぜなぜ5回」は「なぜを5回繰り返すと真の原因にいきつく」とする製造業で有名な考え方です。好ましくない事業の原因についてフォールトツリー法で発生確率を算出していくとする方式も筆者は教えられましたが、「なぜなぜ5回」の方がシンプルで現場導入しやすいと思います。

## 「なぜ」２回で社長の行動が一番のリスクと判明

　リサイクルショップで急成長したある企業の場合をみてみましょう。海外展開のため社長が頻繁に一人で海外出張していました。広報担当者がリスクマップを作成したところ、社長が海外で突然連絡がとれなくなる、事件に巻き込まれる、行方不明になるといったリスクが「Ⅰ」に配置され、経営へのダメージが一番高いと判断しました。そこでの要因分析は、「なぜ連絡が取れなくなるリスクがあるのか」→「社長からの連絡待ちだから」→「なぜ連絡待ちなのか」→「定期的に連絡をとるルールが決まっていないから」→「では、ルールを決めればいい」、となりました。ここでは、２回の「なぜ」と問いかけただけで、ルール決めという対策が出てきました。

## 大川小の悲劇から考え続ける

　決まっていないだけで大事な命を多数落とすこともあります。東日本大震災で児童74名と教職員10名が津波の犠牲になった石巻市の大川小学校の悲劇が典型的な例となります。大川小学校は津波発生時の避難場所について事前に決めておきませんでした。校庭に避難した後の避難場所について２日前にも協議していたのに、「足元が危険かな」などとして登っていれば助かった校庭の裏山を指定していなかったのです。

　児童の遺族らが起こした裁判では校長らと市教育委員会は、大川小の危機管理マニュアルを改訂し、児童を安全に避難させるのに適した避難場所を定めるべき義務を負っていたのに怠ったとされ、計約14億3600万円の賠償責任を負うことになりました（仙台高裁　2018年4月26日）。

　決まっていなくても津波なら裏山に逃げればいいのだろうと思いますが、決まっていないが故に住民の意見を聞いているうちに迷ってしまい、結局堤防の方に移動して津波にのみこまれてしまいました。なぜ、決めなかったのでしょうか。不思議で仕方ありません。しかし、

よく考えると、結論を出さない会議、決めない会議、先延ばしにする会議はありがちです。なぜと問い続けることが自分事化につながります。

## 20代メンタルダウンの「なぜ」を数字と推測で分析

　社員約1,000人のIT業界のA社によるメンタルダウンに関するリスク分析の事例を紹介します。この会社では20代社員でメンタルヘルスに関する相談数が増加し、実際に心の不調に陥る者の数が増える傾向を発見しました。それらの社員との応対を通じ、タイプがかなり類似していることに気づいた相談員は、会社と社員の了解を得て管理職層と20代社員層に心理検査（TPI）を行いました。その結果、管理職層は、「強気で自分なりのリーダーシップを発揮できる」タイプの比率が高く、「現時点で真面目に完全を目指す」タイプの比率が低いことが把握できました。一方、20代社員は管理職とは逆に、「現時点で真面目に完全を目指す」タイプの比率が高く、「強気で自分なりのリーダーシップを発揮できる」タイプの比率が低いこと、更に、管理職に比較して尺度に特徴が少なく、採用された人のパターンが相似しているとする分析結果がでました。

　なぜこのようなパターンになるのかをさらに社内で分析したところ、新人採用を担当する担当者が固定化されており、同じ採用基準で採用が行われ続けてきたのではないかと推測ができました。そこで、新卒採用の傾向について、他企業の数社へヒアリングを実施したところ、採用方針の固定化によって同じタイプの社員が採用され続けている傾向があると判明。その後、A社では採用担当者を入れ換え、採用方針も体育会系を重視するなど変えていった結果、人材の多様化も進み、メンタルヘルスに関する相談数は減りました。

## 第6ステップ「リスク対応」

**リスク対応における7つの選択肢**

　ISO31000では7つの側面からの対応を促しています。7つの対応とは、「回避する」「リスクをとる」「リスク源の除去」「起こりやすさを変える」「結果を変える」「共有する」「保有する」。

　個人における自動車事故のリスクで考えてみましょう。飲酒したら運転しない（回避する）。車を持たない、自動停止装置がついた車に買い替える（リスク源の除去）。子ども2人を前と後ろに乗せて自転車を運転するより自動車を運転して移動する方を選ぶ（リスクをとる）。日頃から運転して技術を高めておく（起こりやすさを変える）。運転する時にシートベルトをする、車がたとえ衝突しても衝撃を吸収させる材料やシステムを組み込む（結果を変える）。運転する際に法定の自賠責保険だけでなく任意保険に加入しておく（共有する）。5年に1度程度かする程度なら許容して運転する（保有する）

　改正以前（ISO31000の2019年版）は、「回避」「移転」「低減」「保有」の4つでわかりやすい選択肢でしたが、より対応策の視点が拡充しました。

　特に「リスクをとる」考え方が盛り込まれ、創造の源泉になるものとして位置づけられ、中小ベンチャーも取り入れやすくなりました。「結果をかえる」といった発想で不測の事態発生時にダメージを最小限にするための危機管理も明示されました。「リスク源除去」は第2章で解説するスパイや消費者や社員による意図的な迷惑行動や攻撃型リスク対策の視点が盛り込まれました。

　では、企業の事例で7つの選択肢を考えてみましょう。


**選択肢1.「回避する」**

　「活動を開始しない又は継続しないと決定することによって、リスクを回避する」とされています。例えば、海外拠点を設けている場

合、紛争が起きている地域の近くから撤退する、予定していた事業を紛争開始で中止にするといった決断になります。ウクライナ戦争勃発の際には、ロシアから撤退する企業が相次ぎました。代表的なリスク対応といえます。

　ビッグモーター社の保険金不正請求問題で損保ジャパンはビッグモーター社の社内報告書を見て早々に取引を再開してしまいました。これは回避できなかった事例です。専務他役員は、調査報告書が改ざんされていると知っており、組織的不正の認識がありながら、社長には情報を共有しませんでした。その結果、「取引を再開しない」といった判断をせず、社長は信頼できる情報がないまま、「作業ミスなら再発防止策で大丈夫だろう」と取引再開の決断をしてしまいました（2023年10月10日中間報告書）。回避の判断には重要な情報の共有が必要不可欠です。

### 選択肢２．「リスクをとる」

　「ある機会を追求するために、そのリスクをとる又は増加させる」とありますが、リスクがあってもマーケット拡大のメリットがあれば積極的にリスクをとる発想です。ビジネスはリスクをとってこそ開拓者益が見込めることもあるからです。リスクは負の側面だけではないのです。リスクのあるところにチャンスもあるからです。成長のためにリスクをとる発想を提唱しているといえます。

### 選択肢３．「リスク源を除去する」

　根本原因がわかればそれを取り除く対応方法です。わかりやすい例でいえば、いつも社員がつまずく場所に石があったら、その石を取り除けばいいわけです。会社の重要な技術や特許を持ち出すなど企業内で悪意をもった産業スパイ社員が見つかれば懲戒免職にするといったことも入るでしょう。代々工場がある地域が自然環境の変化で災害多発地域になってしまった場合、工場を移転する判断もリスク源の除去

になります。データ消失のリスクに対しては、分散管理するといった
ことも入ります。

## 選択肢4.「起こりやすさを変える」

　頻度を低くする、回数を減らす「低減」のことです。ある工場では
階段では手すりにつかまって降りるルールにしていると知り、筆者
（石川）も駅の階段では手すりの近くに行き、すぐにつかまれるよう
に下りる習慣にしています。ストーカーかなと思ったら、「会社に行
く時と帰宅時の服装を変える、道を変える、身を隠せる場所を見つけ
ておく」（誠・シークレット・サービス・コンサルティング　田丸誠
代表取締役社長）といった訓練をしておけば、起こりにくくなるで
しょう。

## 選択肢5.「結果を変える」

　発生しても対応を迅速にすることで損害を最小限に抑えるというダ
メージコントロールに当たります。危機管理マニュアルの必要性がこ
こにあります。全てのリスクを予測することは不可能です。不測の事
態が発生した際の行動原則をあらかじめ用意しておけばダメージを最
小限にできます。

　東電の福島原発事故で経営者は「大地震は想定外だった」と主張し
ていますが、過去に大地震は発生しています。自然災害のように発生
の予防が出来ない場合には、お金がかかる巨大な防波堤を構築するだ
けではなく、非常用電源を地下1ヵ所に集中させるのではなく、浸水
しないビルの高い場所にも分散して置くといったルール決めなどの工
夫でお金をかけずにできる策を考えるべきです。「起こりやすさを変
える」「結果を変える」はともに日頃の訓練とアイディア出し、ルー
ル決めが大きく貢献します。

## 選択肢6.「共有する」

　「一つ以上の他者とそのリスクを共有する」ことであり、保険が典型例です。リスクは冒険から始まっていると前述しましたが、保険は冒険というチャンスを支えるために生まれてきたといっても過言ではありません。筆者らが所属する日本リスクマネジャー&コンサルタント協会も保険関係者が設立し、保険RM研究会はYouTubeで全国のメンバーに保険とリスクマネジメントをテーマに情報発信をしています。

　保険以外では、あらかじめ共同でリスクを背負って利益をシェアするビジネスモデル「レベニューシェア」、映画の製作委員会方式なども共有に当たります。金額がかかる新ビジネスを展開する際にはよく使われる対応策といえます。このようにリスク対応にあたってはさまざまなアイディア出しが求められることから、第2章で解説する「協働型解決討議」を活用していくとよいでしょう。

## 選択肢7.「保有する」

　「情報に基づいた意思決定によって、そのリスクを保有する」と解説されています。全てのリスクに対応することはできませんので、滅多に起こらないし、ダメージも大きくない場合には、そういったリスクがあるという認識を持つだけでよいのです。例えば、数年に1回物品を破損する、転んで捻挫するといったことは命にかかわるほどのことではありません。そんなことまで心配していたら生きていくのが大変ですから。しかし、こういった軽度のものでも頻繁に発生してくればどこかに問題があるので要因を分析して対策を立てる領域（リスクマップⅢ）に入るのだと認識できればいいのです。

## 第7ステップ「コミュニケーション及び協議」

### リスクコミュニケーションはあらゆる場面で

　「コミュニケーション及び協議」の狙いは、「異なる領域の専門知識を集める」「異なった見解について適切に考慮する」「リスクの影響を受ける者たちの間に一体感及び当事者意識を構築する」ことです。リスクを巡るコミュニケーションについては、「リスクコミュニケーション」といった言い方があります。リスク分析を実施した後にその内容をステークホルダに知らせるといった限定的なものではなく、リスクマネジメントのあらゆるステップにおいて実効性を高めるために実施する活動になります。具体的に考えてみましょう。

### リスクコミュニケーション例1：食品の添加物表示

　食品の添加物表示はリスクコミュニケーションのわかりやすい実例です。成分表示、添加物表示をした上で、それを購入するかどうかは消費者の判断です。「リスクを提示する、そして選択は相手が行う」、ここが基本ではないでしょうか。

　有害物質を取り扱う工場見学で「これだけの設備を整えているので安全ですよ」と説明するのはリスクコミュニケーションです。有害物質について開示せず、安全面だけを強調するとそれはリスクコミュニケーションになりません。「この工場では有害物資として〇〇がありますが、このように管理されています」と説明する必要があります。「安全ですか」と聞かれた場合、「安全です」と言い切るのではなく、「多重管理しており、地震や爆発があっても封じ込める体制を整えています」と説明するところまでがぎりぎりではないでしょうか。リスクをゼロにするのは無理です。おそらくミサイルを撃ち込まれれば有害物質は飛散してしまうでしょう。もっともミサイルを撃ち込まれたら、工場だけではなく住民の命そのものが危機にさらされるので、そこまで説明する必要はないともいえます。

## リスクコミュニケーション例2：専門家の意見が異なる場合

　福島原発事故で発生した放射能問題の際には、さまざま専門家が被ばくについて異なる見解を示しました。専門家の意見が異なる場合には、複数の意見を提示した上で、どれを選択するかは経営者の判断になります。その際には「5人の専門家の意見を聞いた。中でもA先生の見解が数字や考え方がもっとも納得できる内容であったため、当社としてはA先生の意見を採用して対策を打つ」と説明すれば理解されやすいでしょう。

## リスクコミュニケーション例3：災害警報でのイベント中止

　イベント中止の場合で考えてみましょう。行政であれ、企業であれ、よく生じることだと思いますが、事前に台風を予測しイベントを中止決断したものの、台風が逸れて実際はイベントが実施できたであろう場合。何か月も前から準備していたイベントが、直前になって台風や大雨などにより、中止あるいは延期を余儀なくさせられました。仕方ないとは思いつつ、関係者は主催者の判断に愚痴を言う、あるいは仕込み損などの実害があれば尚更、主催者の判断に疑問を呈することもありえます。

　この場合のポイントは、①判断基準の妥当性　②周知・広報方法の適切さ　③双方のコミュニケーション理解度　の3つです。まず、判断基準（例：イベント中止判断は開催何日前の何時現在、当日雨天決行・荒天時中止、やむをえない事情の例の列挙など）の事前の明確化、次に広報・周知方法の多様性・妥当性（HP、紙媒体、X等）と徹底状況、そして①と②が十分であっても、関係者の認識によって問題が拡大する可能性があるのが、③への対応になります。つまり、受け手や関係者側の言葉や事象に対する認識や理解の内容が、最初から発信者側とボタンの掛け違い状態にあると、受け手は過剰反応をとり、溝は広がるばかりとなります。論理性だけではなく、**感情に訴えかける表現力がコミュニケーション**になります。表現力には言葉の選

び方、態度も含まれます。

　この他外部だけではなく社員との間にもリスクコミュニケーションの発想は必要です。売上減少や資金繰り調達ができず、給料を下げる、希望退職を募るなど影響を受ける人に状況の説明はしなければならないからです。

**クライシスコミュニケーションとの違い**

　「リスクコミュニケーション」に似た言葉に「クライシスコミュニケーション（危機管理広報）」があります。前述したリスクとクライシスの違いと同じで、リスクコミュニケーションは平時の情報開示です。クライシスコミュニケーションは、問題が発生した際にダメージを最小限にするためのコミュニケーション活動です。目に見える形としては、組織として公式見解文を発表したり、緊急記者会見を開催したりします。ここで逃げの姿勢を見せたり、責任転嫁をしたり、他人事のような態度をとれば批判が拡大してダメージは深まります。対外的な「クライシスコミュニケーション（危機管理広報）」は、100年以上の歴史があるため、実務家によって整理され、専門分野として確立しています。違いがわかるようクライシスコミュニケーション（危機管理広報）マニュアル項目例を紹介しておきます。

**危機管理広報マニュアル項目例**
・危機管理広報マニュアルの使い方
・危機管理広報の目的／基本方針
・当社のステークホルダと連絡体制／緊急対策本部設置基準とメンバー
・説明責任に必要な5つの要素
・想定危機1〜3の公式見解書例
・マスコミ特性とSNS対応基本方針
・NGワード、チェックリスト

- ・記者会見開催判断基準
- ・緊急記者会見の開催方法（案内状、配布先、手順、開催場所、レイアウト、司会原稿）
- ・非言語コミュニケーション注意事項（服装、動き、声、表情、態度）
- ・謝罪に必要な7つの要素
- ・誤報対応
- ・メディアトレーニングの行い方

## 第8ステップ「モニタリング及びレビュー」

**考察と評価は振り返りの習慣化**

　モニタリング（考察）とレビュー（評価）は、「定期的な点検、調査、見直し」で、全てのプロセスに組み込む必要があるとされています。具体的には「ニアミスなどの事象、変化、傾向、成功例及び失敗例を分析し、そこから教訓を学ぶ」「新たに発生しているリスクを特定する」です。

　工場であれば、防災訓練の形で1年に1回定期点検をするといった形がよいでしょう。日常の中に組み込まれ、意識しなくてもできるようになるのが理想かもしれません。ハインリッヒの法則に戻りますが、小さな失敗やおかしいと思ったこと、自分が抱えているちょっとした不安を言える環境にすれば、一人ひとりが新たなリスクに迅速に対応できるからです。どんなに体制を整えたところで、リスク情報が言えなければ、判断を間違ってしまいます。

　損保ジャパンは、ビッグモーター社に問題があると専務は知っていながら社長に共有しませんでした。その結果、早々に取引再開を決定しました（SOMPOホールディングス株式会社　自動車保険不正請求に関する社外調査委員会　中間報告書P24、25）。ビッグモーター社からの100億円の売上は大きいからです。気持ちがわからなくはあり

ませんが、言わない判断によって将来どれだけの損害をもたらすのか
想像力が欠けてしまったのでしょう。過去の失敗、成功の考察と自社
に置き換えた振り返りの重要性を感じずにはいられません。

　「振り返り」はリスクの回避だけではなく、最強のチーム作りや組
織作りにも役立つと実証したのは侍ジャパンを率いて最強の野球チー
ム作りをした栗山英樹監督です。栗山監督は自身のノートに毎日気づ
いたことを書き綴る振り返りを習慣化しています。出版もされたいわ
ゆる「栗山ノート」のことです。

　なぜ書くのかの問いに対して栗山監督は「ノートに自分の思いを書
く行為は、周りの人たちとどのように接したのかを客観視するため」
と説明しています。その中で「時なるかな、失うべからず」（中国古
代の歴史書『書経』）を引用して「チャンスを逃すなという意味です
が、ノートを書くことは自分の行動を見つめ直し、課題を抽出するこ
とに結びついていきます。つまりは、来るべき『時』に備えて準備を
進めていると理解できます」と、振り返りがチャンスをもたらすと述
べています。選手のケガといったマイナスの状況もメモし、目の前の
勝利よりも選手の将来の活躍を見据えて登板を判断するとのことで
す。振り返りが日常化できているから、将来リスクとチャンスを客観
視でき、WBCで最高のパフォーマンスを発揮したのでしょう。

# 第2章

# リスクマネジメントの訓練

第1章で解説したISO31000では、リスクマネジメントにおける基本的な考え方と一般的な進め方を示しました。実際に企業の中に定着させるには、訓練が必要です。上場企業の多くは外部コンサルティング会社を使うなど時間をかけてリスクマネジメントの体制を構築しています。中小ベンチャーの場合には、担当者が第1章で示したような8ステップで進めていけばそれなりに体制構築はできます。

　時間がない、もっと短時間で手軽に取り組めるアプローチはないか、といった相談もあるため、本章ではどこからでも取り組めるよう、訓練前準備、チーム型訓練、個人訓練に分けて、それぞれの訓練方法を解説します。順番通りでなくても構わないので、これならやれそうだと思ったところから取り組んでいただければと思います。

# *1* 訓練前の準備

## ゲームで組織風土を確認する

　個人の判断とチームの判断を比較して組織風土を確認できるユニークなゲームがあります。「砂漠で遭難したときにどうするか」をテーマに、12個のアイテムを生き残るために必要な順にリストアップしていくゲーム（コンセンサスゲームともいわれている）です。ゲーム感覚で手軽に取り組めるメリットはありますが、一度やってしまうと正解がわかっているので訓練には使えないというデメリットもあります。砂漠の他、「月で遭難した場合」のシナリオもあるため、アイテムを変えていけばアレンジは無限に広がります。

## 状況設定「砂漠で遭難」

　8月中旬のある日の午前10時ごろ、あなた方が乗った小型飛行機は、米国南西部にある砂漠の中に不時着。飛行機は大破炎上、操縦士と副操縦士は焼死したが、あなた方は奇跡的に大きな怪我もなく生き残った。不時着は突然だったため、無線で救援を求める時間もなく、また現在位置を知らせる時間もなかった。

　不時着する前に見た周りの景色から、あなた方は飛行プランに示されているコースから約100km離れた所にいることがわかっていた。操縦士は不時着前に、最も近くの居住地は約110km南南西にあることだけをあなた方に告げていた。付近は全く平坦でサボテンが生えている他は不毛の地域。不時着直前の天気予報では、気温は約43℃になるだろうと言っていた。それは、地表に近い足もとでは50℃にもなるだろうことを意味している。

　あなた方は、軽装〜半袖シャツ、ズボン、靴下、タウンシューズという服装で、各々、各1枚のハンカチとサングラスを持っている。全員で8ドルばかりの小銭と100ドルの紙幣、1箱のタバコとボールペンが1本あるのみ。飛行機が燃えてしまう前に、あなた方は次の12の品物をかろうじて取り出すことができた。

　あなた方の課題は、これらの12の品物を、あなた方が生き残るために最も重要と思われるものから順番に、1から12までの順位をつけること。生存者は、あなた方のチームのメンバーと同数であり、またみんなが協力し合うことを同意している。

| 品目 | 自分で考えた順番 | 正解との誤差 | 正解 | チームで考えた順番 | 正解との誤差 |
|---|---|---|---|---|---|
| 懐中電灯（乾電池が4つ入ってる） | | | | | |
| ガラス瓶に入っている食塩（1000錠） | | | | | |
| この地域の航空写真の地図 | | | | | |
| 1人につき1リットルの水 | | | | | |
| 大きいビニールの雨具 | | | | | |
| 「食用に適する砂漠の動物」という本 | | | | | |
| 磁石の羅針盤 | | | | | |
| 1人1着の軽装コート | | | | | |
| 弾薬の装填されている45口径のピストル | | | | | |
| 化粧用の鏡 | | | | | |
| 赤と白のパラシュート | | | | | |
| 約2リットルのウォッカ | | | | | |

＊正解は巻末掲載

＊正解との誤差は、＋－をとって合計する

　個人での順位付け解答とチームで話し合った後の順位付け解答で比較します。個人での解答よりも、話し合いによる解答の方が順位が上がればコンセンサス（合意）がうまくいったことになりますが、反対になれば、正しい解答をしていない人が、チームの足を引っ張ってしまうことになります。

　筆者（石川）の場合、個人での解答よりもチームで話し合いをした時の方が点数は上がりましたので話し合いは有効でした。しかし、隣にいたA子さんは個人の点数の方が高かったのですが、チームでは正解率が後退してしまいました。A子さんは振り返りで「解答に自信はあったけれど、自分の声が小さかったと思う。もっと大きな声で自信をもってしっかり説明したら、正解に導けたと思う」とし、他のメンバーは「A子さんの声が小さくても、順位付けの根拠をもっとしっかり聞くべきだった」と反省をしました。74名の児童が亡くなった大川小の悲劇では、裏山へ逃げるべきだと主張し、教員で唯一生き残った教務主任を思い出さずにはいられません。もっと大きな声で確

信をもって説得できていれば、他の教員や住民が彼の主張の根拠に耳
を傾けていれば全員が助かったのです。


## 過去の事例を集めて失敗パターンを見出す

　訓練に入る前に、目を通してほしいのが、第三者委員会の報告書で
す。注目された事件でもいいですし、同じ業界内の報告書でもいいで
す。特に最後の社員アンケートや生の声には「働くって何だろう」と
深く考え込んでしまう声に溢れています。

　第三者委員会とは、不祥事が発生した際に、外部の有識者によって
調査、事実認定、原因分析、再発防止策の提言をまとめる目的で組織
が自主的に設置する調査委員会です。名称は第三者委員会という名称
だけではなく、検証委員会、特別調査委員会などさまざまです。

　法律で定められた委員会ではありませんが、社内調査では自分達に
不利な情報を意図的に排除してしまう可能性があります。多数の死者
を出した事故や犯罪など影響があらゆる方面に広がった際には、第三
者委員会形式を設置する時代になってきました。

　日本弁護士連合会は2010年に「企業等不祥事における第三者委員会
ガイドライン」を発表しています。「経営者等自身のためではなく、
すべてのステークホルダーのために調査を実施し、それを対外公表す
ることで、最終的には企業等の信頼と持続可能性を回復することを目
的とするのが、この第三者委員会の使命である」と説明されていま
す。

　調査結果の報告書を読むと、原因には、「言えない雰囲気」「通報制
度がない、機能していない」「組織風土」が挙げられ、どこも似たよ
うな問題が指摘されています。調査報告書に目を通すことで失敗パ
ターンを見出したり、業界特有の思考癖に気づいたり、自社にはどん
な訓練が必要かを考え、議論するのは疑似体験になりえます。

　社員の声の一例として日野自動車を取り上げます。日野自動車は長

年品質不正を続けていました。排出ガスや燃費について検査をしない、データ書き換えを行っただけではなく、国交省にも不適切な事案はなかった、と虚偽報告もしてしまいました。2022年10月に公表された調査報告書の中にある社員の声は次の通りです。

○社員の声
✓ 身の丈に合わない業務量をこなそうとする姿勢。そもそもリソースをしっかり把握、管理もできておらず来たものを受けるという文化。「できません」「分かりません」は言えず「やるのが当たり前」の文化。
✓ 無駄に多すぎるプロジェクト。無駄に多すぎる仕様。
✓ 品質保証部が「止める」決断をしない。
✓ 大企業の庇護のもと、社会のうねり、景況にさらされることなく存続できたことで、甘えとも思える企業風土、特に部長、役員クラスでの危機意識、当事者意識が欠如していると感じる。
✓ 事なかれ主義でいても時がきたら昇格、チャレンジや意見を主張してもプラスの評価がないため、自分で意志を持たない、考えない、言わない、といった人材が量産された会社となっている。
✓ 担当が曖昧なままで進んでしまう。その為、「三遊間」が発生したり、引継ぎができず担当不在の業務が発生したりする。
✓ 我々は『お立ち台』と呼んでいたが、問題が発覚して日程内に間に合わなければ、開発状況を管理する部署の前で状況を説明させられ担当者レベルで責任を取らされることになっていた。

「リソース不足」「業務プロセス問題」「パワハラ体質」「人事評価制度問題」「責任転嫁風土」「役員と現場の距離」といったキーワードを見て、はっとする人は多いのではないでしょうか。「うちもおんなじだなあ」と。組織の大小を問わず、抱えがちなリスクといえるからです。このような日常にある問題に向き合わないでいれば組織風土は劣

化するのではないでしょうか。

　筆者もリスクを学び始めた際には先輩から「突き詰めるとリスクは
ルールとコミュニケーションの問題」と言われ、20年以上経った今
も、調査報告書を見るたびに人間がしてしまう「失敗の本質は変わら
ない」と感じます。なぜなら生活や知識が向上しても人間の感情や欲
望は変わらないから。「恨み」「妬み」「怒り」「不安」「苦しみ」「哀し
み」といった負の感情や「権力欲」「金銭欲」「性欲」「自己顕示欲」
といった欲は変わりません。幸せだと感じる人が増えれば犯罪や不正
は減るのだろうと思います。その意味で日々のちょっとした問題が解
決できる仕組み作りが予防につながると感じます。


## スパイ工作やフェイクの可能性についても考える

　リスクマネジメントにおいては不正だけではなく、別の視点をもっ
てほしいと思います。産業スパイの可能性です。不祥事に焦点を当て
ると忘れられてしまいがちなのですが、外からの攻撃もリスクとして
認識する必要があります。サイバー攻撃やランサムウェア（データを
人質にして身代金要求する）といったリスクの認知は高まっています
が、潜入されるリスクが盲点になっています。大企業だけではなく、
工作機械を製造する日本の中小企業も中国のターゲットになっていま
す（日経新聞　2023年11月7日「中国に狙われた工作機械〜核開発の
サプライチェーンに抜け穴」）。

　組織風土を崩壊させる「サボタージュ」リスクを紹介します。サボ
タージュとはモチベーションを下げて経営者に損をさせる破壊工作で
す。「サボタージュマニュアル」は、CIA の前身だった OSS（戦略情
報局）で70年以上前に作成された破壊工作マニュアルです。組織のパ
フォーマンスを下げてダメにする方法が書かれています。2012年に
CIA によって一般公開され書籍にもなりました。どうすれば組織は
うまくいくか、といった書物が多い中、「どのようにすると組織はう

まくいかなくなるか」と逆のアプローチをしています。その中に書かれている「ホワイトカラーによるサボタージュ戦略」の一部は次の通りです。

- ✓ 形式的な手順を過度に重視せよ
- ✓ ともかく文書で伝達して、そして文書を間違えよ
- ✓ 会議を開け
- ✓ 行動するな、徹底的に議論せよ
- ✓ コミュニケーションを阻害せよ
- ✓ 組織内にコンフリクトをつくり出せ
- ✓ 士気をくじけ

　問題発生時には、組織風土の劣化といった視点だけではなく、破壊工作の標的になっている可能性も考えます。工作員はフェイク（偽）情報で組織内をかく乱させることもあります。このような産業スパイに対しては、調査会社による「行動確認」を選択肢に入れる発想が必要です。（詳しくは、リスクマネジメント・ジャーナル第131回「企業のリスク対策の陰に“探偵”あり！児玉総合情報事務所」）

## 効果的学習の法則を知っておく

　筆者（石川）は、2000年にリスクマネジメントを学びましたが、何冊読んでも理解は進まず、現在所属している日本リスクマネジャー＆コンサルタント協会の講義と課題、グループ演習と発表、講評によってようやく身に付いた経験があります。これ以外もディベート研究会で東京裁判を正しいとするチームと正しくないとするチームに分かれて何度も入れ替わりながら論点を整理する訓練に半年間参加したこともあります。頭で考えても言葉にできないと伝わりませんし、言葉だけではなく気迫といった非言語要素も大きいと実感しました。これは

訓練でしか身につかない、いえ、言い方を変えれば訓練すれば誰でも身につくといえます。

　その後も試行錯誤し、リスクマネジメント訓練には講義、映像視聴、グループ実践を組み合わせてきました。5年前にラーニングピラミッドという形で整理されていると知り、やはりこれだと確信しました。ラーニングピラミッドとは、主体的・対話的に学習を進める考え方です。「講義」「読書」「視聴覚」「実演を見る」「グループ討議」「自ら体験する」「他の人に教える」の組み合わせで定着は高まるとしています。このラーニングピラミッドに「課題」「ペアセッション」「相互に教え合う」を加えました。問題意識は明確にした上で設計する、グループ討議は二人でも構わない、教えるのは相互である、としました。

　学習の組み立て方は20分毎が効果的で、筆者は体感でこの20分を発見しましたが、エビングハウスの忘却曲線というのがあると後から知りました。20分後には58％、1時間後には44％、1日後には34％、1か月後には21％しか覚えていないという研究データです。逆に言えば、学習の組み立てを20分に合わせて、一旦振り返る、質問を考える、自分でまとめるといった振り返りをしていけば定着するということです。

**リスクマネジメントのチーム実践モデル**

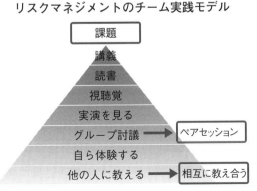

ラーニングピラミッド（National Training Laboratories）に石川慶子加筆

## 2 チーム型訓練

### お困り解決型訓練

第1章で説明したリスクの洗い出し、数値化、対応を「お困り解決メソッド」として日々実践できる形にした訓練です。ベースになっているのは「アクションラーニング」であり、付箋を使って意見のプロセスを見える化します。ISO31000のようにある部署で多数のリスクを洗い出して、さあやるか、となると非常に時間がかかります。

そこで毎日の10分、20分の単位でできる訓練としておすすめできるのがこのメソッドです。質問しながら真の問題に迫り、自分で選択して、本人と周囲の解決行動に繋げる手法です。組織開発、チーム作りで活用されています。ちょっとした悩みはどの職場にもありますから、悩みやグチといった些細な事＝リスクの芽と考え、些細な問題を日々解決できれば、大きな事件・事故を防止できますし、問題解決によって成果を上げますから、健全な売上向上をもたらすといえます。

### 対話の質を高めるとリスクが減る

「アクションラーニング」の開発者は、ケンブリッジ大学の物理学者レグ・レバンス氏で、1930年代と言われています。筆者（石川）は、「180日間営業変革プロジェクト」（日本食糧新聞社　2017年）の著者で組織変革コンサルタントの嶋谷光洋（しまたに・みつひろ）さんから直接伝授を受けました。2014年に見学した際、短い時間でみるみるうちにチームメンバーが一人のお悩みについて根本原因をつきとめ、解決策を出していく様を見て衝撃を受けたのです。「ああ、毎日のちょっとしたお困りごとについて簡単な討議ルールを作ればリスクは減る。これだ！」と思いました。

筆者（石川）にリスクマネジメントを叩きこんでくれた故山中塁（やまなか・るい：旭化成総務部長兼広報室長、旭化成不動産社長を

歴任。日本リスクマネジャー＆コンサルタント協会理事。58歳で急逝）さんは、1996年の在ペルー日本大使公邸占拠事件、2003年のSARS コロナウィルス等に対応した方です。彼が「リスクマネジメントは現場の日常業務に落とし込まないといけない」と語っていたことを改めて思い起こしました。ルールとコミュニケーション手法でリスクが格段に減らせるからです。

　かんぽ生命の不適切販売では研修内容にそもそも問題がありました。売上のノルマを達成するために高齢者に何度も契約書を書き換えさせる方法を伝授していました。根本原因に向き合わなかった結果です。第三者委員会の報告書（2019年12月18日）に記載された改善の提案では、郵便局チャンネル依存の解消といった組織構造に加え、ルールの明確化、時代にあった営業スキル向上、対話研修の充実など7つが提案されました。**現場における「対話の質」を向上させる**ことは、組織の大小を問わず、研修ですぐに取り組めるのではないでしょうか。

### 根本原因に迫る良質な質問をする

　「お困り解決メソッド」は、4つのフェーズで成り立っています。第一フェーズの「問題設定」は、まさに解決すべきリスク・課題を見つめます。第二フェーズ「真の問題」は、表面化あるいは潜在化しているリスクについて質問しながら真の問題は何か、根本原因や環境要因に目を向けていきます。第三フェーズ「解決策」は、解決のためのアイディアを出し合い、第四フェーズ「各自の行動」は、問題を抱え

## お困り解決型メソッドの流れ

問題設定　真の問題　解決策　各自の行動

ている本人はどんな行動をするのか決意表明し、周囲は何ができるか
それぞれサポート行動を表明します。グループとしては5人が理想的
です。1つの問題を5つの視点から眺められるからです。なぜ、この
ような掘り下げが必要かというと、具体的なお困りごとをテーブルに
乗せて対策を立てるためです。リスクとして「パワハラ体質」といっ
た問題が上がってきたところで、「誰がどのような行いをしていてど
んな問題が発生しているのか」といった具体性があってこそ対策が立
てられます。

　考える→書く→発表する→質問する→討議する→選択する、を4回
繰り返しながら進めていくのが特徴です。**付箋に書くことで記録とし
て残りますので、会話が空中分解するのを防ぎます**。投票と選択で自
分が選んだ判断も記録に残しますので、問題意識が明確となり行動を
後押しします。この一連の流れを身につけると、最初は1時間近くか
かっても、次第に15分でできるようになり、かつ5人いなくても2人
だけでもできるようになります。

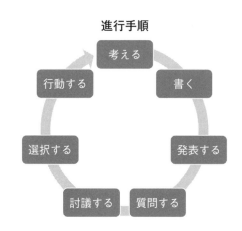

進行手順

## 1 問題の設定
　では、実際に行ってみましょう。5人の職種が違う人が集まった場
面です。お互いのお悩みを思いつく限り書いて、自分の中で1つ選択

します。5分程度で書き出して、5人がそれぞれ自分のお悩みを付箋を出しながら説明します。そして、誰のお悩みが一番最優先で解決必要か投票します。一番多くの票が集まった人のお悩みを皆で討議します。

---

Aさん「職場のパワハラ営業マンに困っている」
Bさん「漠然と将来が不安」
Cさん「熱意を持って取り組める仕事を見つけたい」
Dさん「売上をもっと上げたい」
Eさん「人から誤解されることが多くて困っている」

---

　5人による投票の結果、Aさんが抱えている「職場のパワハラ営業マンに困っている」を皆で問題解決をしよう、とAさん以外4人が一致しました。おそらく、一番具体的な悩みであったためだろうと思います。

## ②真の問題を探る

　Aさんは、皆から質問を受けながら、真の問題は何かを考えます。

---

「職場のパワハラ営業マンに困っている」と問題を提起したAさんに皆で質問を考えます。

Bさん質問「仕事にどのような影響が出ていますか」
Aさん回答→「周囲の人の中では、一人が病気、一人が休職、一人が退職、その穴埋めで私は業務が多忙になっています。私もそろそろ自分で危ない、うつ病になるかも、と危惧しています」
Cさん質問「具体的なやりとりを教えてください」
Aさん回答→「そんなこともできないのか、死ねよ、辞めてしまえ、意見言うやつはこの会社には不要なんだよ、といった言葉

---

です」

Dさん質問「ハラスメントの証拠を録音していますか?」

Aさん回答→「いえ、突然発生するので録音する暇がありません」

Eさん質問「ハラスメントの研修はありますか」

Aさん回答→「いいえ、ありません。本人も全くパワハラだと思っていませんし、上司も気にしていません。放置しているとしか言いようがありません。パワハラしている人は営業成績がいいので」

　どこが真の問題だと思いますか、と投げかけて、Aさんが選んだのはEさんへの回答。「本人も問題だけれど、会社として放置していることが問題だと思いました。これは研修をしていない会社の問題です」と確信がもてたようです。

3 解決策を出し合う

　次に5人で解決策を出し合います。再び付箋に解決策を書き出して、各自順番に発表します。

Bさん「証拠としてまずは記録をとってはどうか」

Cさん「本人に対して、嫌な気持ちになる、と直接さらっと伝えてみてはどうか」

Dさん「複数名で会社の人事に相談してみてはどうか」

Eさん「ハラスメント予防研修を自ら企画して会社に実施の提案をしてみてはどうか」

　出された解決策を見ながら、AさんがEさんの案を選択し、「私は企画するのが得意なので、ハラスメント予防研修を提案したいと思います。直接本人に言ったり、録音したり、人事に話をしたりといった

ことができない気がするのです」と理由を説明しました。

## 4 各自が行動する

　最後に、5人が決意表明をします。ここでも付箋を使ってまず書き出します。

> Aさん「研修企画を1か月以内に作成して、会社に提案します」と宣言しました。他の4名は自分ができることを各自発表しました。
> Bさん「ハラスメント研修に詳しい人を紹介します」
> Cさん「ハラスメント研修、私ができます。ロールプレイしながら行動改善するシアターメソッド形式のプログラムやりましょうか」
> Dさん「研修の企画の組み立てを一緒に考えます」
> Eさん「特にできることがないので、グチの聞き役になります」

### 時間配分例

| 項目 | 内容 | 時間目安 |
|---|---|---|
| 問題設定 | ・問題出し（付箋、チャット）個人で複数、発表は1つ<br>・投票（多数決）→選ばれた本人コメント | 15分 |
| 真の問題 | ・周囲が質問する内容を考える<br>・順番に質問して回答<br>・質問者はQ＆Aを記録する（付箋、チャット）→投票<br>・本人が真の問題を見つけて問題を再定義する（10分） | 30分 |
| 解決策 | ・解決のためのアイディア出し（付箋、チャット）<br>・本人が解説策を選択する | 15分 |
| 各自の行動 | ・本人が行動できることを選択していつからやるかを宣言する「これならできそう。○○からやる！」<br>・周囲の人が支援できることを宣言「私これやります！」 | 10分 |

## ドラマを活用したリフレーミング訓練

　ハラスメント対応は、企業にとって大きな課題となっています。法的にも2022年4月1日から「全ての事業者」にパワハラ防止が義務付けられました。研修を導入していてもちっとも減らない、といった場合には、実演と言葉の言い替えによるドラマメソッドをお勧めします。このメソッドは、元劇団員の山口和子さんが中心になり広報リスクマネジメント研究会（日本リスクマネジャー＆コンサルタント協会会員活動）で実践開発したプログラムです。

### 即興で言い換え力をつける

　上司部下コミュニケーション訓練はさまざまな形式での研修がありますが、体を使って実演する、即興で考えて言葉を言い替える、といった訓練は前述したラーニングピラミッドの通り、学びの定着がより深いといえます。ちなみに、日本屈指の高収益で社員の年収も高いことで知られているビジネス情報機器の株式会社キーエンスでは、毎日上司部下の営業実演（ロールプレイ）を実施しています（「キーエンス解剖」西岡杏著）。実演はハラスメント予防だけではなく、顧客目線訓練でも有効、高収益の源泉になるのではないかと筆者は思っています。このメソッドを組み立てた山口和子さんも、40種類のお客様役を演じ分けてショッピングモールでの実演を支援していました。

　では、具体的に進めていきましょう。次の台本は、厚生労働省のサイト「あかるい職場応援団」からの書き起こしです。進め方は、台本を用意し、実演した後、振り返りをして解決にたどり着く言い替え（リフレーミング）を考えて再度実演し、改善するといった流れになります。

## ドラマ式改善メソッドの手順

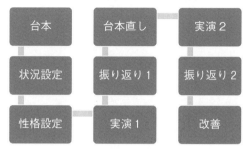

① 台本を確認する

〈パワハラ台本例：成績不振社員への叱咤激励〉

上司：おい、お前今月もまたノルマを達成できなかったのか（立っている）

部下：……（座っている）

上司：（溜息）返事をしない。やる気があるのかないのかも感じられない。起きてますか。入ってますか（頭をこずく）

部下：はい……

上司：ほんとかよ。（大声で）お前みたいな出来損ないが足を引っ張ったおかげで部署の立場と俺の成績はがた落ちだよ。だいたいなあ、派遣さんにまでしわ寄せがいくんだよ。みんなにも謝れ！

派遣社員：（下を見ている）

部下：（立ち上がって）すみません、来月は……

上司：（部下の言葉を遮り）来月は自分の首をかけて取ってこい！

②状況と役を設定する

状況設定：不動産会社
役の設定：上司役は課長3年目の45歳
　　　　　部下役は上司よりも年上で50歳、声は小さい
　　　　　派遣社員役は子育中の女性で40歳

③実演して振り返りながら台本を直す

〈振り返り〉
上司役：自分の気持ちが悪くなってきた。苦しかった。感情だけで相手のことを全く考えていない。体調が悪くなってきました。どんどんエスカレートしていく気持ち。自分でもコントールできない状態になりました。
部下役：ただ怒鳴られるだけで無策。結果を出せなかったことに対して次にどうしたらいいのかを考える場であればパワハラにならなかったと思いました。
派遣社員役：聞いていて気分が悪くなっていく。怒鳴るばかりで解決策がない。解決策の提案がない。意味がないと思いました。派遣を巻き込まないでほしいと思いました。

〈書き直し討議〉
上司役：おい、とかお前といった言い方はよくないです。名前の呼びかけに変えた方がいいですね。それと頭ごなしに結果だけ突きつけてもいけないので、部下がどんな状況なのか、原因がわかるように質問をした方がいいと思いました。
部下役：どうして、と聞かれれば、何でできなかったのか原因を考えることができます。

上司役：理由がわかったことでどうするかを考えられますよね。
一緒にノルマ達成の解決策を出していけばいいわけですから。

部下役：解決策があれば、来月できる行動を考えられます。

上司役：上司としてできるアドバイスもできます。

派遣社員役：そんな雰囲気になれば、手伝おうという気持ちになります。

## 4 再度実演して改善する

〈書き直された台本〉

上司：○○さん、今月終わりましたけどノルマが達成できなかったようですね。どんな状況なのか教えてください。

部下：申し訳ありません。実は家庭内でごたごたがあってすみません。プライベートな問題を引きずっていました。気持ちの切り替えができていなかったのだろうと思います。要領よく仕事を片づけられなくてやたらと書類整理に時間がかかっていました。

上司：そんな時には一人で抱え込まないで、手伝ってほしいと言ってもらえれば、一緒に考えますよ。

派遣社員：書類関係なら私が整理を分担します。

部下：ありがとうございます。台帳の整理の部分手伝ってもらえると助かります。

上司：とはいえ、来月はしっかり達成できるようにしたいですよね。私もサポートします。具体的にどうやってやりましょうか。

部下役：優先順位のつけ方はぜひサポートお願いします。○件のコンタクトはしていきたいと思います。

上司役：月末になる前、月半ばあたりで一度状況を確認し合いましょう。

## #MeToo 運動とインティマシー・コーディネーター

　米国の映画製作・配給会社ネットフリックスでは、パワハラ・セクハラのさまざまなシーンについて受講者が意見を交わしてから映画製作を開始する訓練、リスペクト・トレーニングを開発しました。

　映画の現場は、演出家、撮影クルー、俳優、美術スタッフなど多種多様な人達が集まり長時間一緒に過ごし、身体接触も多いため、誤解が生じたり、ハラスメントが起きたりしやすい環境といえます。ドラマ制作現場なのでロールプレイによる訓練よりも意見交換の方が効果的なのだろうと思います。リスペクト・トレーニングという名称は、ハラスメント予防より前向きな言葉で好感が持てます。

　リスペクト・トレーニングが広がってきた背景には、「#MeToo 運動」があります。米国では、2017年に映画界大物プロデューサーの一人であるハーヴェイ・ワインスタインが性的虐待で逮捕されたことをきっかけに、それまで沈黙してきた女性達が性暴力やセクハラを次々に告発し、「#MeToo 運動」となりました。この事件は映画「SHE SAID その名を暴け」（2022年）として日本でも2023年に公開されています。日本では2023年にジャニーズ事務所の60年間に渡る性加害問題が明らかになり廃業に追い込まれたことは周知のごとくです。告発は新しい流れを作るといえます。

　トレーニングだけではなく、インティマシー・コーディネーターという仕事も出てきています。インティマシー（性行為やヌード）シーンで、制作者の意図を理解した上で、俳優を精神的・身体的に守りながらサポートしていく役割です。筆者（石川）は10年ほど映画製作に携わり、現在も時々現場をサポートしている関係で、女優のヌードシーン撮影を支援したことがあります。シーンが終わったらすぐにバスタオルを渡すといった仕事でした。小さいスタジオで演出と撮影を兼務する監督と女優だけになってしまうことから、監督が自分のリス

クマネジメントとして頼んできたのです。こういった役割の人達が増えるのは、撮影現場にとっても望ましいと思います。

## 危機発生シナリオによる初動訓練

　前述した2つのチーム型訓練は日々の訓練です。これから紹介する危機発生シナリオによる初動訓練は対外的に何らかコメントを発信するため、経営者向きです。

### 最悪のシナリオで最悪の事態を防ぐ

　作成するシナリオは、滅多に起こらないけれども起こった際のダメージが大きいリスクマップⅡに配置された問題になります。工場火災、トップが人質になる、集団食中毒など地域に影響を与える、多くの被害者が出るなど、命に関わるシナリオです。

　生産地偽装といった問題であっても記者会見を開いて失敗すると、批判報道が大きくなり、顧客が離れて売上が減少、倒産してしまうこともあります。このように起きてしまったことを想定して訓練するのが危機管理になります。危機管理も広義の意味ではリスクマネジメントに入ることは第1章で説明した通りです。

　最悪のシナリオにするのは、どうすると最悪になるのかシミュレーションすることで最悪の事態を防ぐためです。しかし、実際に作成しようとすると、最悪のシナリオ作成に抵抗を示す経営者は多く、「最悪のシナリオでやるなんて縁起が悪い」と言うのです。「悪いことを言葉にしたら悪いことが起こる」、言霊（ことだま）の発想だろうと思います。上場企業の場合には、株価に影響するリスクは記載する法的義務があるため、縁起がどうとか言霊がどうとか言っていられないのですが、未上場企業は経営者の考え方に依存してしまいます。最悪のシナリオでできない場合、取材対応の失敗で報道され売上減少のなか記者会見することになったというシナリオにしてみましょう。

## 危機発生シナリオによる初動訓練の流れ

Ⅱで訓練シナリオを作成する → 状況を文書でまとめる → 関係者を洗い出す → 説明方針を決定する → 外部視点で質問を作成する → 模擬説明会を行う → 講評から改善点を明確にする → 平時の体制作りに反映する

## メンバーが厳しい質問をし合える関係を作る

　訓練でありがちなのが、現場の担当者がシナリオ、説明文書、想定問答集のすべてを用意して経営者は用意されたものをつつがなくこなす、です。全てお膳立てされた中での訓練は、結局のところ判断訓練にはなりません。時間がない、批判されている、といったなかでトップが何をどう判断して説明するか、を訓練しなければ意味がありません。

　訓練の肝は、外部目線でお互いに質問を考えて、それをぶつける場をつくり出すこと。外部の元記者経験者が質問をするといった模擬記者会見訓練を提供するケースもありますが、筆者（石川）は、役員同士で質問する記者役や説明する社長役を順番に経験できる形式にしています。本気で取り組めば、厳しい質問が飛び交います。この「本気」で質問し合える関係が欠落すると不正や事故・事件の温床となります。訓練をきっかけに日常から言いにくいことや根本的な原因に迫る質問と責任ある回答ができる関係構築につながるのが望ましいと考えているからです。

　全体の流れは、シナリオ作成→説明文書の作成→関係者を洗い出す

5W1Hとは

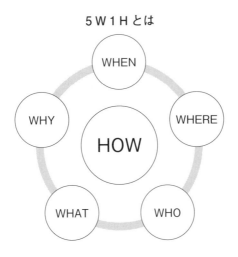

→説明方針の決定→外部視点で質問を作成→模擬説明会を行う→講評で問題の洗い出し→平時の体制づくりへの反映、となります。

1 シナリオを作成する

　シナリオについては、さまざまなレベルがありますが、5W1H（いつ、どこで、誰が、なにを、なぜ、どのように）を目安に書いてみます。「△△県の○○工場で5月5日の16時頃に火災爆発が発生した。原因は新人社員がマニュアルの手順を読み違えてしまい、機械の操作を誤ってしまったため」といった簡単な文章からスタートし、作家のように肉付けをしていきます。例えば、いつもはベテランが一緒に行うのに、この日はベテラン社員が急病で不在だった、他の社員も出払っていた、新人は一人でもできると思ってしまった、あるいは、皆が忙しそうにしていて聞けなかった、などなど。最終的には、3章にあるケーススタディのように1000文字程度を目安に、思い違いや判断ミス、確認ミスなど想像しながら作成します。

　シナリオを各自が作成する過程そのものがリスク想定の訓練になりますし、やらされ感がなくなります。責任をもって最後までやりきる

意欲も湧きます。数多くの調査報告書を読むと大抵は、「ルールが明確ではなかった」「言えなかった」など、ルールやコミュニケーション上の問題に集約されています。シナリオ作りをしながら、日常に潜むリスクを発見する訓練をすることはリスクを明文化できるため学習効果が高いのです。

### ②状況を文書でまとめる

シナリオを書き起こしたら、ポジションペーパーを作成します。ポジションペーパーとは、名前の通り、問題が発生した際に状況をまとめた文書になります。報道関係者向けにする際には「プレスリリース」とします。

ポジションペーパーの起点は、自分達が把握した時点から時系列でまとめるとまとめやすいでしょう。なぜなら、発生日時がわからないケースもあるからです。工場爆発であればわかりますが、長年の業界習慣での不正といった場合には、いつが起点か全くわからないこともあります。

これを作成する理由は、正確に事実関係や経緯を把握する訓練です。誰がいつ何を報告したのか、発信者も明確にすると後で確認も可能になります。最初は付箋でも構いません。付箋で書き出して並べ替えてもいいのです。報告をまとめるだけではなく、自分達が何をすべきか、何を判断して指示をしたのかも記載していきます。

緊急対策本部を〇〇のメンバーで設置した、情報がないため〇〇が現場に行った、警察に通報した、行政に連絡した、という内容も重要な時系列となります。この訓練をすると、問題発生時に時系列で把握する習慣が身につきます。原因を考えて再発防止策を考えるのはリスクマネジメントそのものの訓練になります。たとえば、前述のシナリオでいえば、工場火災でのミスの直接原因は、「新人の操作ミス」になるのですが、環境要因、つまり会社としての反省点は「半年未満の新人は一人で稼働してはいけない」といったルールがなかったといえ

ポジションペーパー

```
                        ○月○日○時○分
                        ○○株式会社

「○○○○（事件・事故・問題）」について

1 概要（5W1H）
2 経過
        ○日○時　発生
        ○日○時　緊急対策本部設置
        ○日○時　・・・
        現在の状況は、・・・・・
3 原因（直接原因と環境要因・反省点等）
4 対策（当面の対応や今後の対策）
5 現時点での見解やまとめ、今後の方針等

本件に関する問い合わせ先
緊急対策本部　○○○○
```

ます。

　このポジションペーパーは社内での情報共有だけで使う場合もあれ
ば、取引先への説明文書として使う、ウェブサイトに掲載する、マス
メディアなど外部からの問い合わせの際に個別に配布する、記者会見
開催であれば一斉に配布するといった形で活用できます。危機管理マ
ニュアルにもなります。基本形はここに掲載しますが、具体的な事例
はケーススタディを参照してください。


③関係者を洗い出す

　ポジションペーパーと一緒に作成するとよいのが、関係者マップ作
りです。誰が被害者なのか、連絡すべき関係者は誰か、誰が担当する
か、優先順位はどうすればいいのかを決めれば、連絡漏れがなくなり
ます。連絡網づくりを整備することにもつながります。

　工場爆発であれば、社員（被害者）とその家族（総務の○○担
当）、全社員（人事の○○担当）、病院（総務の○○担当）、地域住民

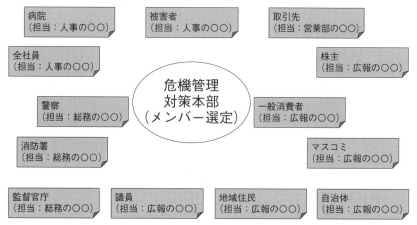

関係者マップ（ステークホルダー）例

病院
（担当：人事の〇〇）

被害者
（担当：人事の〇〇）

取引先
（担当：営業部の〇〇）

全社員
（担当：人事の〇〇）

株主
（担当：広報の〇〇）

危機管理
対策本部
（メンバー選定）

警察
（担当：総務の〇〇）

一般消費者
（担当：広報の〇〇）

消防署
（担当：総務の〇〇）

マスコミ
（担当：広報の〇〇）

監督官庁
（担当：総務の〇〇）

議員
（担当：広報の〇〇）

地域住民
（担当：広報の〇〇）

自治体
（担当：広報の〇〇）

（広報の〇〇担当）、自治体（広報の〇〇担当）、取引先（事業部の〇
〇担当）、警察署（総務の〇〇担当）、消防署（総務の〇〇担当）、マ
スコミ（広報の〇〇担当）、日頃付き合っている議員や地域団体など
になるでしょう。

④説明方針を決める

　被害者、関係者といった重要なステークホルダを洗い出し、担当者
を決めたら、それぞれに対するメッセージ方針を決めます。方針を決
める際には、企業理念を確認して判断します。何を大事にする企業
だったか、社会に何を提供して、どんなポジションを目指して成長・
発展を目指したのか、を振り返ってもいいでしょう。原点に立ち戻れ
ば自ずと方針は出てくるはずです。

　説明内容は、ポジションペーパーをベースにしますが、表現は変え
る必要があるかどうか、誰がどの時点でどのように説明するのがよい
か、説明によって信頼を回復させるためにはどのように思ってもらう
ことをゴールにするか、といった観点で組み立てます。

　被害者には謝罪、お見舞い、哀悼といった言葉になるはずが、自分

達が被害者意識を持ってしまうと忘れてしまいます。「自分が社長の時にこんな事故が起こるなんてついてない」と思ってしまうと相手を思いやる気持ちが薄れしまうからです。

「原因がはっきりしていないから、謝罪はできない。責任という言葉を使うことに抵抗がある」と言った社長もいます。原因がわからない場合であっても、「お見舞い」や「哀悼」の言葉は、人として組織として不可欠ではないでしょうか。

#### ⑤想定問答を作成する

ポジションペーパー、関係者マップを作成しつつ、想定問答集も作成します。想定問答を作成する目的は、**「出す情報」と「出さない情報」を明確にする**ためです。これは情報感度を高める訓練になります。訓練しないと聞かれたことは何でもしゃべってしまい、被害を拡大させてしまうことがあります。

例えば、ケガをした社員が運び込まれた病院名は言ってもいいのでしょうか。家族以外は知る必要がありませんから、「出さない情報」になります。報道関係者に言ってしまうとそこに取材が殺到してしまい、家族や病院からクレームが来てしまうでしょう。ケガをした社員の情報はどうでしょうか。一切出さないとなるとこれは隠しているように見えてしまいますから、人数、性別、年齢までは出してもいいと言えますが、無防備状態ですと、名前までうっかり公表してしまい、取材が殺到するという事態を招いてしまいます。

では、機械の操作方法はどうでしょうか。企業機密に当たる可能性がありますから、詳細は避けるべきケースも出てくるでしょう。言えない場合に、「言えません」だけでは隠ぺいと思われてしまいますから、「取材が殺到するので言えません」「企業機密なので言えません」と理由を添えて説明する訓練が必要です。

想定問答は、外部から自社がどう見えるかを考えるよい訓練となります。どの目線で考えるかは説明会の参加者によって多少異なりま

す。住民向けの説明であれば、「住民は避難しなくてもいいのか」「有害物質は排出されていないのか」「黒煙が収まるのはいつなのか」といった健康面が中心になるでしょう。取引先への説明であれば「稼働停止期間はどのくらいか」「納品はどの程度遅れるのか」「復旧はいつ頃になりそうか」といった目線になるでしょう。記者会見となると「調査はどのように行うのか」「経営責任はどうとるのか」といった調査方法や責任追及が加わります。

このように説明する相手によって視点が変わるといった訓練で外部視点を養えるようになります。すぐに表現が上達するわけではありませんから、日頃から表現リスクをコントロールする必要があります。表現コントロール手法についてはメディアトレーニングという専門的な訓練があるので個人の訓練で後述します。

6 模擬説明を行う

模擬説明会の目的は、失言や誤解される表現を回避するための訓練になります。模擬とリハーサルは異なります。リハーサルは通し稽古である一方、模擬は想定外の質問も行いますので流れの確認とは異なります。リハーサルは何度やっても同じ流れですが、模擬説明会は毎回異なると言ってもいいでしょう。回答の仕方によって質問が変わるからです。

想定シーンは目的に応じて設定します。住民説明会、取引先への個別説明、記者会見、学校であれば保護者会などでしょう。説明する対象者によって質問も異なります。相手の関心事が異なるからです。住民であれば安全かどうか、取引先なら納品が遅れないかどうか、保護者であれば子どもの安心できる環境かどうかなど。記者会見となると、記者の背後にいる人によって異なりますからより幅広い角度からの質問になるでしょう。

模擬訓練の参加者は一例として、説明者1〜3名、司会者1名、質問者5名、ビデオ撮影者、スティールカメラ担当、マイク担当のス

タッフ総勢10名程度。訓練対象者は、ローテーションで、質問役、説明役を両方経験すると組織を客観的に見る訓練になります。

## 7 動画を見ながら自己評価する

　説明会の動画を見ながらレビューシートに自己評価と他者評価を記入します。評価項目は模擬説明の目的によって変わります。例えば、「聞き取りやすいか」「嘘をついていないか」「真剣な態度か」「説明が二転三転していないか」「責任転嫁の発言をしていないか」「差別的ではないか」といった具体的な評価項目にします。これは後述する信頼と評判を高める表現要素からの評価項目です。

　表現力は、言葉だけではなく、非言語の要素もあると頭にいれておくとよいでしょう。服装や身だしなみ、アイコンタクトなど細かい非言語チェック項目を入れます。実際、ビデオレビューをすると、対象者は、自分自身の言葉の中身よりも見え方や言い方、態度を見て反省する方が殆どです。このような要素をマネジメントとして筆者がまとめたのが「外見リスクマネジメント」ですが、これは後述します。

　評価シートに記入したら、各自が自分の姿がどう見えたか発言します。振り返りの際には気になった表現について深く掘り下げます。例えば、「弁護士から補償についてはまだコメントしないようにと言われている」といった言葉が出た際には、これらの言葉について討議を進めます。

---

〈振り返りの進め方例〉
質問（トレーナー）：あなたが被害者と想定してください。弁護士から補償についてはまだコメントしないようにと言われている、と社長が発言したらどう思いますか。
記者役をした社長（訓練者）：社長が主体的に考えていないように見えます。弁護士任せのように見えます。逃げの姿勢に見えます。

---

質問：ではどのように言ったらよいと思いますか

記者役をした社長：そうですね……補償については検討し回答します、あるいは、改めて回答します、でいいのだと思います。自分を主語にして回答するべきだと感じました。

　このような危機発生時の訓練を行うと、情報収集や整理の仕方、想定することの重要性、言葉選びの力がつきます。避難訓練のように定例訓練化していくのが望ましいといえます。訓練の振り返りではお互い批判するのではなく、改善し合える学びの場になれば、またやるべきだ、という気持ちになります。勇気が湧いてくる、立ち向かう気持ちになる、といった**終わり方の雰囲気づくり**が最後の肝となります。

## 広報活動を活用した訓練

　平時の情報発信にもさまざまなリスクがあり、日頃からリスクに配慮した情報発信をする活動ができれば、平時には認知を広められ、危機発生時にはダメージを最小限にする発想に切り替えられます。

　広報の定義を説明しておくと、「組織や個人が目的達成や課題解決のために、多様なステークホルダとの双方向コミュニケーションによって、社会的に望ましい関係を構築・維持する経営機能である（日本広報学会2023年）」です。信頼や評判を高めるには、表現力が貢献する（フォンブランら）といった研究結果もあります。ここでは、平時からの訓練として「話題性」「独自性」「真実性」「透明性」「一貫性」「多様性」の観点から解説します。

### わかりやすく際立つ（話題性）

　話題の作り方は無限大ですが、ニュースになる要素をまとめると、10の切り口、「新奇性」「突発性」「人間性」「普通性」「社会性」「影響性」「記録性」「著名性」「国際性」「地域性」になります。もっとシン

プルに「あー（驚き）、へー（意外）、ほー（納得）」の３つにまとめる人もいます。平時はこうした話題作りをしつつ、緊急時には発想を逆転させて話題にならないようにするのです。業界初の取り組みであればよいニュースとして話題となります。一方、業界初の不正発覚となれば同じくニュースとなります。著名人を起用すれば話題となりますが、起用した著名人が不祥事を起こせばイメージは悪化します。裏表の関係ですから、普段からニュースになる要素を理解して活用することそのものが訓練になります。

〈話題になる要素まとめ〉
「新奇性：初めての〇〇、珍しい現象」
「突発性：突然多摩川に現れたラッコ達」
「人間性：涙がでるほどの感動、人情物語」
「普遍性：誰もが共感できる家族、愛」
「社会性：役に立つ、課題を解決する」
「影響性：多くの人が関わっている」
「記録性：〇周年、世界記録、ギネス」
「著名性：著名〇〇のオススメ」
「国際性：姉妹都市との連動イベント」
「地域性：地域貢献、地域から支持、住民参加、住民企画」

## ユニークで「らしさ」がある（独自性）

　言葉の組み合わせ、対立性や工夫で話題を創出できてしまいます。「対立性：新市長と議会が対立！」「逆転性：溶けないアイス」「映像性：3000メートルのそうめん流し」「意外性：男性が贈る逆チョコ」「工夫性：悪い景観100選、日本一危ない国宝」などです。
　高崎市の「絶メシ」は、危機的な状況を話題に変えた独自性の例といえます。「絶メシ」の「絶」は「絶品なのに後継者がいない、経営危機」をかけています。食べに来てほしい、引き継いでほしい、といっ

たメッセージもあり好感性、話題性、ユニーク性があります。他市でも広がっているため、汎用性、普遍性もあります。

　危機発生時には、発想を反対にしてユニーク性を作らないことでダメージを最小限にするよう設計するよう心がけます。面白い会見をしてはいけないということです。たとえば、船場吉兆の賞味期限や産地偽装の問題における記者会見では、会見中に母親である女将が息子のセリフを隣で囁いたことが「母親らしく」「面白く」「ユニーク」「めったにないこと」であったことから一気に報道が増え、注目を浴びてしまいました。

　ただ、この話にはオチがありまして、このささやき会見そのものは好意的に受け止められ、予想以上に認知が広がり予約が殺到。それに甘えて十分な反省や体制を立て直さないまま営業を再開したことから、今度は客の食べ残しの使いまわしが内部告発され、廃業に追い込まれてしまいました。


**嘘がない、事実に基づく（真実性）**

　嘘というのは、例えば、輸入牛を国産牛と表示する、コピー用紙の古紙配合率が実際には50％なのに100％と表示する、走行距離10万km中古車を3万kmであると表示する、といった事実と異なる表示をすることです。

　法的にも「景品表示法（正式名称：不当景品類及び不当表示防止法）」として規制されています。景品表示法は、商品・サービスの品質、内容、価格等を偽って表示を行うことを厳しく規制していて、過大な景品類の提供を防ぐために景品類の最高額等を制限することなどにより、消費者が商品・サービスを自主的、合理的に選べる環境のために整えられています。

　売り手としては、できるだけコストを安くして高く売ることで利益を得たい心理が働きますが、嘘や不正は命取りです。嘘に慣れしてしまうと、危機時にも嘘が平気になり、経営危機をもたらします。修理

が必要のない車にゴルフボールで意図的に傷をつけるなどをして保険金不正請求をしたビッグモーター社は、金融庁から保険代理店登録が取り消され、自立再建が困難になりました。

　嘘をつかない訓練としては、事実の情報発信を日頃から実践するプレスリリース配信体制を整えることだろうと思います。ビッグモーター社は広報部がなく、取材対応の体制がありませんでした。プレスリリースとは報道機関向けの文書のことであり、新商品、新サービス、新社長、キャンペーンなどを記載します。自社作成のメディアリストや自治体の記者クラブに配布、配信すると興味をもった記者が取材し、記事になることがあります。広告と異なり、掲載期間が決まっているわけではありませんし、広がっていく可能性があったり、社員や社員の家族が喜んだり、やる気が出るといった副次的効果も期待できます。

## 隠していない（透明性）

　大事なことが隠されていると信頼を損ないます。例えば、著名人にお金を支払って宣伝してもらっているのに、それを隠して純粋な口コミのように見せている場合です。このような場合、広告の表示が必要です。2012年に食べログやらせ投稿というのがありました。飲食を無料にして評価記事を書いてもらうにあたって、評価基準を指定した文書を配布したのです。よくあることだ、と思う人もいるかもしれませんが、評価基準を指定してしまうと評判を歪め、信頼失墜をもたらします。

　企業に対する罰則を伴った法律として、2023年10月１日から消費者庁はステマ規制を開始しました。「ステマ」とは「ステルスマーケティング」の省略で、ステルスは「隠す」という意味があります。つまり、「消費者を欺いて商品やサービスの購入を促す行為」。第三者が特定の企業からの依頼で商品の宣伝をする際に、広告であることを隠しつつレビューや口コミをすること。いわゆるやらせやサクラなど事

業者が第三者を装って商品を宣伝したり、第三者に商品供与などの関係性を持って宣伝やPR、口コミ投稿などを依頼したりした場合、広告表示をしなければ景品表示法の不当表示として違反対象となってしまうのです。

## 言っていることがコロコロ変わらない（一貫性）

　発言がコロコロ変われば信用を失墜させるのは当たり前ですが、組織としての公式発表、トップの発言であれば、なおさら重いといえます。なぜ変わってしまうのでしょうか。思い込み、自己保身、隠ぺいといったことが考えられます。たとえば、宝塚歌劇団では、自殺した現役劇団員への対応を巡って発言をコロコロと変えました。当該劇団員は自殺の2年前に上級生からヘアアイロンを額に押し付けられ火傷を負いましたが、宝塚歌劇団は週刊文春の事実確認に対して「事実無根」と返答。劇団員自殺後には「ヘアアイロンは当たっただけで被害者も加害者もいない」と発言を変え、さらに、調査報告書が出た際の会見では、「ヘアアイロンが当たることはよくあることで記録がない。故意ではない」としました。これでは信頼がた落ちです。

## 差別的表現をしない（多様性）

　差別的表現はさまざまあります。障がい者への差別、女性への差別、最近では女性に限らず性的差別に人々は敏感になっています。世代間ギャップもあり、一筋縄ではいかない難しい部分です。たとえば、企業CMや広告で、固定概念を押し付けるような内容は確実に炎上します。10年前になりますが、2013年の味の素「日本のお母さん」CM炎上はその典型例です。お母さんが仕事とご飯作りをしているシーンが出てきて、そこにはお父さんの姿がないのです。子どもの服のお着換えシーンにちょっとだけ出てきますのでシングル家庭ではないことがわかります。結果として「ワンオペ育児を推奨するのか?!」と批判が殺到。

　10年経った2022年でさえ、若い女性の開拓について「生娘シャブ漬け」戦略と社会人授業の中で吉野家の役員が発言して炎上しました。結果は、株価急落、役員は即日解任です。

# *3*　個人訓練

## リスク感性を鍛える

　経営者や人事総務、広報、コンプライアンス担当者はリスク感性を鍛えておくことが望まれます。リスク感性とは、「マイナス情報から企業価値を再創造するために開発されるべき直感力」です。「感性や直感力なんて曖昧なものはビジネスには不要だ。客観的数字が全てだ」といった意見を持つ人がいるかもしれません。しかし、人間はロボットではなく感情があるため、常に論理的に行動するとは限らないのです。

　「感性」とは、「印象を受け入れる能力」「直感」「見たり聞いたりしたことから深く感じたこと」「視覚・味覚・聴覚・嗅覚・触覚といった五感」「言語化できない感覚」「空間認識」「ひらめき」です。「頭の中がぐるぐる回っていて不安な状況だ」「もやもやした違和感が残る」「すっきりして気持ちがいい」「明るい気持ちで仕事に取組める」といった感情が全く理解できないとリスクの芽は発見できないし、発見できなければ改善もできないのです。たとえば、10万円するような接待を受けたら「あれ、こんな金額いいのかな」ともやもや感を持つのはリスク感性として健全です。

　不祥事の報道を見ながら何が影響しているのか背景を推測したり討議したりすることも、リスク感性につながります。2023年は60年間隠されていたジャニーズ性加害問題や110年の歴史のある宝塚歌劇団の内部告発が数多く報道されました。その背景には、個人における発信力、記者会見のネットライブ配信といったソーシャルメディアの発展

の他に改正公益通報者保護法（2022年施行）の影響もあるのではないかと推測して、改正公益通報者制度を改めて調べてみるのです。

　ゴーン事件（日産元会長カルロス・ゴーン氏の有価証券報告書における虚偽記載）であれば、司法取引が使われたと報道されました。司法取引は、共犯者の罪を軽減させることで重要証拠や証言を得ることです。「当社で不正が発覚したら司法取引は使えるかな、個人しか使えないのか法人も使えるのだろうか」と過去の事例を調べてみることです。

　2022年に発覚した東京2020における五輪談合では、課徴金減免制度が使われました。課徴金減免制度とは、カルテル・入札談合を自主的に報告すると申請順位に応じて減免される制度です。一位は全額免除になり、不正を一早く告発すれば罰金による経営ダメージを減らせます。そこで「うちの業界で長年の悪習慣はなかったかな」と発想してみます。

　ダイハツの不正では、原因は「経営者が不正行為について発想していない」「経営者が現場に関心が薄かった」「社員は経営の犠牲になった」（2023年12月20日第三者委員会調査報告書）などと発表されました。経営者の**発想不足を明確に指摘**した報告書です。経営者にリスク感性はなくてはならない資質だといえます。

## 本音を引き出す力をつける

　社内の不正行為やあそこの部署で問題があるかもしれないといった噂、あるいは記者から聞いたり、取材の申し込みがあったりとなれば、公式に行動しなければなりません。問題が報道された後であれば、本格的な調査が必要ですが、その前の段階では、慎重な行動が求められます。直接当事者に直球で聞けば否定され、書類が隠ぺいされ、経営へのダメージはさらに深くなってしまうこともあります。トップが関与となれば、社内ではなく、監査の選択も考えなければな

りません。ここでは噂レベルで調査する時の形を示します。

　要になるのが質問力です。相手を追い詰めるのではなく、本音を聞き出す技術です。能力開発におけるコーチング手法、捜査、取材とそれぞれ特徴はありますが、ここでは、能力開発がテーマなのでコーチング手法を紹介します。

　「閉じられた質問」「開かれた質問」はわかりやすいので、まずはこの質問方法の違いを理解することから始めましょう。「はい」「いいえ」で回答できる「閉じられた質問」は、思考を停止させます。「何か困っていますか」「何かについて違和感を持っていますか」「どのような方向性にしたいですか」といった「開かれた質問」は、原因にアプローチして未来を切り開く効果があります。

　例えば、「これはあなたの判断ミスですか」（閉じられた質問）ではなく、「なぜあなたはこのような判断をしたのですか」（開かれた質問）に言い替えます。「これを行ったのはだれですか」（閉じられた質問）ではなく、「どのようにして担当者を決めたのですか」（開かれた質問）に言い替えます。「ルールはあるんですか」（閉じられた質問）ではなく、「どのようなルールで行っているのですか」（開かれた質問）にします。このように開かれた質問の方がより多くの情報を得られ、会話が発展していきます。質問の仕方で得られる情報が格段に広がります。

| 閉じられた質問 | 開かれた質問 |
| --- | --- |
| これはあなたの判断ミスですか？ | なぜあなたはこのような判断をしたのですか？ |
| これを行ったのは誰ですか？ | どのようにして担当者を決めたのですか？ |

二者択一ではなく、相手の感性を引き出す（原因）質問をする。→相手目線訓練、感性育成訓練になる

次に相手からの回答を待つ場合に大切なのが「沈黙」です。沈黙が訪れたらそこが核心、本音だからです。取材や情報収集する人達はこの沈黙をうまく活用しています。「相手が黙り込んだときには、水を向けるよりも、むしろ、ひたすら返答を待つ。どう返答するか悩み考えて黙り込むケースがあり、その場合、再び口を開いたときの言葉が重みを持つ」（ジャーナリスト　奥山俊宏・朝日新聞社月刊『Journalism』2015 ハウツー調査報道）。「作家の海老沢泰久氏から、取材中の沈黙は重要だから口をはさんではいけないと教わり新鮮だった」（新谷学「『週刊文春』編集長の仕事術」（ダイヤモンド社））。「聞きたいことがある場合、沈黙をぎりぎりまで引きのばす。自分でも長いなと思う時間まで。そこで二度目の質問をすると相手は解放された気分になって答えるつもりがなかったことを答えてしまう」（稲村悠・「元公安捜査官が教える『本音』『嘘』『秘密』を引き出す技術」WAVE出版）。沈黙は自分の中で重要な思考をしている際に起こる現象なのでしょう。

　能力開発コーチング理論の専門家であるヘンリー・キムジーハウス氏らは、「相手が全神経を集中させてあなたの発する言葉1つ1つに興味を示し、心から共感してくれたとしたら、あなたは知ってもらった、理解してもらったと感じる。本当に聴いてもらっていることがわかった時、人は心を開く」としています。

## 「間」力をつける

　経営者向けトレーニングをしていると、間をネガティブに受け取る人が多いのです。常になにか話をしていないといけないと思い込んでいるようです。「間が怖い」「バツが悪い」「何か話さなくてはいけないと思ってしまう」と言うのです。まずはその思い込みを外し、間もコミュニケーションである、と認識して、間を楽しむのが「間」力です。沈黙と間は似ていますが、間はほんの数秒です。

　普段の訓練として取り入れる場合には、プレゼンテーションの際、一礼をした後、相手の顔をみてニコっと笑顔にする、といった形で取り入れるとゆとりが生まれ、注目度を高める効果にもなります。ずっとしゃべり続けていた人が間や沈黙が続くと、あれっと思いますよね。あの感覚です。それを意図的にコントロールして使う際は、例えば重要な話をするときに、「では、本日一番重要なポイントを解説します」と言った後、2、3秒でいいので間を置くのです。

　筆者（石川）も時々猛烈に早口になってしまうことがあるので、意識して間を作るようにしています。間を作ることで、相手が一服できている様子がわかるようになりました。間断なくしゃべり続ける人の話を聞いているととても疲れる経験ってありませんか。その意味で、**間を大切した対話は気持ちの良い関係構築につながる**のではないでしょうか。

　関係づくりだけではなく雰囲気づくりにも役立ちます。筆者（石川）は、モデルウォーキングレッスンに8年以上通っています（元パリコレモデルの鷹松香奈子氏が運営するTKPlus）が、そこで習得した最大の学びは「間」です。筆者はもともと赤面症で、自分の意見を人前で言ったり、人前に立ったりするのが苦手でした。それでも仕事と思って自分を鼓舞し、緊張するから早口になってしまうといった現象が起きていました。ところが、黙ってランウェイ（ファッションショーの花道）を歩くというとんでもなく緊張する場の経験で「間」力を発見しました。歩く時の「間」が一人ひとりの雰囲気を作り出し、時には相手を圧倒する力、あるいは魅了する力「オーラ」になるのです。「間はオーラになる」と実感してから、「間」は怖い存在ではなく、自分を守り、自分のペースを作る力強い味方になると実感しています。

## 印象マネジメント力をつける

　自分自身が相手に与えたい印象と相手から見た印象が異なっている
と誤解を招いてしまうことがあります。例えば、いつもニコニコして
いる方が、謝罪の場面でもいつものニコニコ顔になってしまい、謝罪
の言葉はあるのにその気持ちが相手に伝わらない、といったケースで
す。困った質問をされると苦笑いになってしまう場合も時として相手
に不快感を与えてしまいます。表情コントロール力が弱いとこうなっ
てしまいます。日頃からさまざまな表情ができるように表情筋を鍛え
ておくのは自分の印象を守る意味で重要な要素となります。

　表情だけではなく、声も同じです。早口で甲高い声で「申し訳あり
ません！」と言われると違和感を与えます。謝罪の時には、低い声で
ゆっくりと丁寧に言葉を発した方が気持ちは伝わります。

　服装がカラフルで、赤やピンクのネクタイ、赤や花柄ワンピースで
謝罪に行けば相手は不愉快になるでしょう。わかりやすく謝罪のたと
え話をしましたが、このように「見え方」のリスクをコントロールす
る訓練をすれば、誤解やコミュニケーションリスクを防げます。言葉
と見え方が異なると相手は不安になります。どちらが本当なのだろう
か、と考えてしまうのです。

　典型的な失敗が、日産元会長カルロス・ゴーン氏が保釈された時の
作業服です。「なぜ作業服なのか」「ゴーン氏らしくない」「逃げよう
としている」「後ろめたいのか」と憶測報道が増えました。服装には
メッセージがあるからです。信頼構築・回復・維持のためには、相手
から自分が「どう見えるか」、客観的に考察する視点・訓練が欠かせ
ません。

COLUMN

## 非言語コミュニケーションと外見リスクマネジメント

　非言語コミュニケーションは、1920年代から研究されています。ノンバーバル研究者のマージョリーは、非言語コミュニケーションには9つの要素「身体的特徴（肌の色、人種）」「動作（姿勢や動き）」「目（つき）」「周辺言語（声の質）」「沈黙」「身体接触」「対人的空間」「時」「色彩」があるとしています。

　その他、「身なりを整えて名乗ると支援が多く得られる」（ハレル1978年）、「人は自分に似た服装の人に好感を持つ」（グリーンとギレス　1973年）、「言葉と外見が違うときは外見を信じる」（メラビアン1971年）、女性より男性の方が容姿とキャリア形成に相関関係がある（小林盾、谷本奈穂　2016年）といった研究もあります。

　筆者（石川）は、模擬会見の訓練とレビューの実務経験から、自分がイメージする自分の姿と実際に見えている姿にギャップがある場合、外見リスクとしてマネジメントが必要だと感じ、「外見リスクマネジメント」を2015年に提唱しました。外見を構成する要素を、表情（と声）、服装や着こなし、立ち方や姿勢、歩き方やしぐさ、髪型やメイクの5つでまとめ、ISO31000の8ステップで自己改善するワークをしています。

　帝京大学の吉野ヒロ子先生と外見リスクについて調査した時（2019年）も、男性より女性の方が相手の見え方を重視する傾向が10％ほど高い、男女とも年収が高い人は見え方でよくない印象を持つとその後は避ける行動をする人が約半数、男性はニオイで損をしている人が多い、など非言語要素がビジネスに影響していることが確認できました。中身と外見のギャップを楽しむ考え方もありますがギャップがあると考え込んでしまい、理解に時間がかかります。言語・非言語を組み合わせたコミュニケーション技術を身につければメッセージは伝わりやすくなるでしょう。

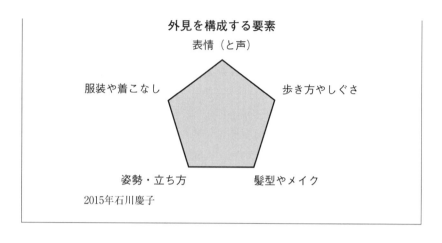

外見を構成する要素

表情（と声）

服装や着こなし

歩き方やしぐさ

姿勢・立ち方

髪型やメイク

2015年石川慶子

## コンセンサスゲーム回答

## 専門家による模範解答（優先順位）

1. 化粧用の鏡：鏡は遠距離まで光が届くため捜索隊への信号になるため
2. １人１着の軽装コート：昼間は太陽光線から肌を守り、夜は寒さよけにもなるため
3. １人につき１リットルの水：生存には不可欠だが、捜索隊に発見してもらう事が最優先である
4. 懐中電灯（乾電池が４つ入ってる）：夜の救助に光を使ってしらせるため
5. 赤と白のパラシュート：広げて空からの目印にする
6. 大きいビニールの雨具：砂嵐から身を守るため
7. 弾薬の装填されている45口径のピストル：拳銃の音で知らせるため。また、仮に動物に襲われそうになったら、射殺する
8. 磁石の羅針盤：町に向かっていくために必要だが、捜索隊に発見される事を目的とするため、あまり必要ない
9. この地域の航空写真の地図：周辺の地形をしるために必要だが、捜索隊に発見される事を目的とするため、あまり必要ない
10. 「食用に適する砂漠の動物」という本：動物を捕まえるのは体力を消耗し、脱水症状を促進するため
11. 約２リットルのウォッカ：ウォッカを飲むと余計に喉が渇き、脱水症状を促進してしまうため。
12. ガラス瓶に入っている食塩（1000錠）：塩は血液濃度があがるため。また、脱水症状を促進してしまうため。

第 3 章

ケーススタディ

本章は、ケーススタディを背景と会話によるドラマ形式で説明し、対応方法と説明文書の例、最後にリスクマネジメントと危機管理の観点からの解説で構成しました。実例と筆者らの経験を組み合わせ、固有名詞には東京のJR駅名を使っています。舞台の設定は、会社、クリニック、学校、自治体などさまざまです。どんな場面でも判断に迷う時には共通する課題があります。業界が違うから参考にならない、とするのではなく、自分の会社だったら、うちの組織だったら、自分が同じ立場だったらどう考え、判断し、行動して予防するか、ダメージを最小限にするにはどうすればいいか、と想像しながら読み進めてください。


ケーススタディ1

## ■ 社員の横領

　御徒町 XYZ 法律事務所は、日暮里太郎他4名の弁護士が所属する法律事務所。遺産相続、成年後見の相談案件を多く手掛けている。企業との顧問契約100社。2016年4月に田端花子を事務員として雇用する。田端花子の事務処理能力は高く、スケジュール管理も完璧で、弁護士から指示される前に仕上げていた。次第に信頼を得て重要な仕事を担うようになっていった。成年後見に関する活動内容や収支の把握も行い、預かっている通帳の日常的な管理、家庭裁判所に提出する書類の作成、通帳記帳とコピーも行っていた。遅刻、欠勤がなく、性格も明るく、まじめに業務を行っていた。田端花子が整えた書類はチェックしても完璧な仕上がりだったため、5名の弁護士は、すっかり田端に任せきりにするようになった。しかし、2019年の春頃から、田端の休みが少しずつ増えるようになった。


### 8月5日　朝　不正発覚
事務員A「日暮里先生、田端さんが今日も来ていません。電話しまし

たが、電話にも出ません。連絡が取れなくなって1週間です」

日暮里弁護士「自宅に行ってみてくれますか。この1か月休みがちで顔色もよくなかった。体調が悪いのか、途中で倒れて病院ということもありえるかもしれない。田端さんには、成年後見関係についてまとめてみてもらっているよね。このままでは、事務手続きが滞るから、うちが預かって管理している預金通帳をチェックしておこう。キャビネットから持ってきてくれ」

**通帳を見て愕然とする日暮里。**

日暮里弁護士「残額がだいぶ減っている。これは大変だ！　家裁提出の通帳コピーと違う。改ざんされている。なんてこった！　一体いつからだろう」

**数時間後**

日暮里弁護士「大変なことになった。12名、1億円近くも引き出されている……。家裁提出の報告書は確認していたが、考えてみれば通帳コピーだった。通帳原本を見ていなかった。なんてこった。警察に被害届だ。何でこんなにお金が……。何か変わったことってありましたか」

事務員A「そういえば、このところ旅行に行った話が増えていたように思います。コンサートやアイドルの話もしていましたけど、それって今時は普通ですから何とも感じませんでしたけど」

日暮里弁護士「あー、コンサートやイベントの協賛に興味ありませんか、って聞かれたことはある！　いつだったか。全く興味ないよ、と答えたきり、すっかり忘れていた」

**8月25日　昼頃　田端が出勤**

田端「申し訳ありません！　実は使い込みをしていました。このまま死んでお詫びしようと思っていたのですが、死にきれず。通帳管理を

任されていたのでつい……。」

日暮里弁護士「一体どういうことです。何に使ったんですか。」

田端「最初は地下アイドルにはまってしまいました。その地下アイドルに似ているホストにはまってその人につぎ込んでしまいました。結婚も約束してくれていました。そのあと、借金返済のお金をせがまれて、渡したら相手と連絡がとれなくなってしまいました」

日暮里弁護士「あなたを信頼して任せていたのに」

田端「（消え入るような声で）申し訳ありません」

日暮里弁護士「8月5日付けで就業規則にのっとって懲戒解雇にしました。被害届も出してあります。これから警察に出頭しなさい」

田端「（涙ぐみながら）本当に申し訳ありません。自分でも情けなくて仕方ありません。一生かけて償います」


　御徒町 XYZ 法律事務所は、9月10日から30日にかけて被害者へのお詫びを行った。被害者へのお詫びの際「本件について記者会見しないのか、記者会見で謝罪すべきだ」と言われたことをうけて、事務所で今後の対応を協議。メディア対応を余儀なくされることを踏まえてメディア対応に詳しい危機管理コンサルタントにも相談することにした。アドバイスされた内容は「今の段階で記者会見は必要ない。今後のリスクとしては、被害者や警察から漏れる、関係者やその家族がネットに書き込む、結果として取引先が噂を聞きつける。いずれにせよ、見解を求められることになるから、外部説明のための見解書は用意しておく必要がある。重要な取引先には噂が他から入る前に説明しておく方がよい。お詫びだけではなく、しっかり仕事をしていき、早く全額弁償したい、といった言葉を添えるとよい。そうすればどのような行動が被害者救済になるか相手にわかる」であった。


　用意した文書は次の通り。大口取引先には文書を持参して説明した。結果として、契約を打ち切る企業はなかった。

関係者各位

2019年10月15日

御徒町 XYZ 法律事務所

## 元事務員についてのお詫び

元事務員による横領が発覚しました。当法人在職中に、成年後見人、または保佐人として当法人が管理していた12名の預金から、9800万円を不正に引き出していました。元事務員から謝罪があり、当法人は警察に出頭させました。被後見人等の預金については当法人に管理責任があります。被害に遭われた方々には、直接謝罪し、弁償を開始しております。取引先関係者の皆様には、ご心配をおかけしました。心からお詫び申し上げます。

〈概要と経緯〉

当法人が横領を把握したのは8月5日になります。逮捕された元事務員は、2016年4月15日から2019年8月5日まで当法人で勤務していました。2019年7月上旬頃から休みが多くなり、被後見人らの預金通帳を確認したところ、不正引き出しを発見しました。8月5日中に当該事務員を就業規則にのっとって懲戒解雇とし、警察に被害届を出しました。その後、連絡がとれていなかった元事務員が8月25日に出社し、本人から預金から引き出していた事実についての報告と謝罪、返済の申し出がありました。当法人は、そのまま警察に出頭させました。家庭裁判所と当法人が所属する各会にも報告しました。不正な引出し金額、預金者の人数を確かめ、9月10日から30日にかけて、被害者や関係者の方々に対し、訪問してお詫びしました。弁償は既に開始しており、当法人で責任をもって全額弁償に全力を尽くします。

〈原因と再発防止策〉

今回の不正引き出しの原因は、組織として個人情報管理のセキュリティ体制が低かったことです。今回のことを深く反省し、通帳その他の重要な書類だけでなく個人情報を含む資料も、金庫やキャビネットに入れ施錠して管理しています。さらに、暗証番号やパスワードの管理、不正アクセス対策等の徹底を図るとともに、防犯カメラを設置した上で、事務所に来所する方の氏名・日時の記録を新たに開始しました。今後、二度と起こらないよう重要書類の管理を行います。

## リスクマネジメントの視点

　社員による横領は、最も頻度が高い不祥事といえます。銀行、会計事務所、法律事務所といったプロ集団の中でも起こっています。第1章で解説したリスクマトリックスでいえば、Ⅲの領域になり、頻度は高いものの、数百万円レベルの被害で留まれば倒産にはならないでしょう。この場合、家裁提出の通帳コピーが改ざんされていましたので、気づきにくかったといえます。

　2018年に発覚した、スルガ銀行の不正融資事件でも通帳コピーが改ざんされていました。この時は、女性専用シェアハウス「かぼちゃの馬車」を展開していた不動産会社のスマートデイズが改ざんして不正融資を受けていました。以来、銀行の融資では通帳の原本確認は基本になっています。

　しかし、小規模事業者の場合、まだまだ通帳管理を一人に任せてしまう、コピーを信じてしまう、原本をチェックしていないといったことは起こってしまいがちです。1か月に1回の原本チェックがあれば被害を最小限に留めることができたはずです。作成された書類をチェックしていたものの、数字だけの確認のみとし、原本チェックの発想にならなかったことが被害額を高めてしまいました。お金に関しては単独管理状況を作ることが不正の温床となり、トラブルにつなが

ります。

　第1章で説明した不正のトライアングルを思い出してください。人が不正に走る時には、「動機」「機会」「正当化」が揃ってしまっています。田端には、結婚をしたい相手がお金に困っているから何とかしてあげたいという「動機」、自分は通帳管理をする権限があって誰もチェックしていないという「機会」、やってもいいんだという「正当化」がありました。動機を防ぐのは難しいので、せめて機会を作らない環境を整えることがリスクマネジメントになります。複数人によるダブルチェック、定期的な原本確認といった基本的なルールが必要であったといえます。正当化を防ぐには、日常的な意識づけとして失敗事例や討議で具体的に考えられるコンプライアンス関連の研修は必要です。

　研修をやっている暇がない、という場合には、普段の会話でアンテナを張る、相談しやすい雰囲気を作るのもよいでしょう。この法律事務所では、当該社員からコンサートやイベント協賛の話を持ち掛けられています。楽しい話の中にもリスクの芽があります。これ以外にもお金に関わる言動はいくつかあったと予測できます。また、休みが増えたということもリスクの芽になります。体調不良や、家族やプライベートな悩みが仕事のモチベーションを下げていることもあります。日常会話で「あれ？」と思うことがあれば、雑談する時間をあえて作って、好きなドラマや事件物の話をしてみながら、どんな価値観を持っているかを知っておくとリスクやトラブル発見が早くなるでしょう。

## 危機管理の視点

　発覚後の対応はダメージを最小限にすることに成功しています。お詫び文ではすぐに懲戒解雇し「元社員」にし、「逮捕」といった言葉を避けています。「社員が逮捕された」と「元社員を出頭させた」で

は、インパクトが異なり、ダメージが和らぎます。慌てて取引先に行くのではなく、まずは被害者にお詫びをし、取引先企業に対しては訪問して文書を手渡しつつ説明している点も、優先順位をつけた丁寧な対応となっています。

「全額弁償」も言葉として力強く信頼回復への道筋をつけています。「概要と経緯」では、自分達が把握してから迅速に対処したことを時系列に説明しています。概要と経緯は必ずしも分ける必要はなく、一緒にした方がわかりやすくなる場合には、このようにまとめて記載してもよいのです。

「原因と再発防止策」も一緒にしていますが、ここは原因を細かく書くことを避けるためです。本当の原因は、前述したように一人に任せてしまったこと、原本チェックを2年間もしなかったことですが、さすがにストレートに書いてしまうと信用失墜となってしまいます。そこで「組織として個人情報管理のセキュリティ体制が低かったことです。今回のことを深く反省し、通帳その他の重要な書類だけでなく個人情報を含む資料も、金庫やキャビネットに入れ施錠して管理しています」と反省点を明記し、再発防止策を具体的に記載しています。

本質的な点をいえば、金庫やキャビネットで施錠しても原本を確認しなければ再発防止はできません。ダブルチェック体制を書いてしまうと「今までしていなかったのか」となってしまうため、そこは記載していません。全てを正直にありのまま書いてしまうとダメージが深まりますのでどこまで何を書くのかは相手目線に立って信頼回復できる表現を用いて組み立てます。

# ■ プロモーション動画が炎上

海に面した某県地方都市の海原市は、ウナギの養殖で有名。このウナギのおいしさを軸に全国からのふるさと納税を呼び込もうと、大阪

の広告代理店 DEF エージェンシー株式会社にインパクトのある CM
制作を依頼した。海原市納税課 PR 担当の立川一郎課長が DEF エー
ジェンシーのデザイナー、ディレクター担当者らと打ち合わせをし
た。

**オンライン打ち合わせ**
納税課 PR 担当立川課長「都会的なセンスの動画作成をお願いしま
す！」
男性社員 A「誰目線の映像にしますか。ウナギが好きな人を分析しま
しょう」
立川課長「2018年のデータでは、男性の80％、女性の60％がウナギ好
きだと回答しています」
男性社員 B「そうなるとやはり男性ターゲット、男性目線、男性に好
まれる映像ですね」
男性社員 A「かといって、最初からウナギをそのまま出すのもセンス
はない」
男性社員 B「ウナギを擬人化してみますか。優雅に泳ぐウナギといえ
ば女性」
立川課長「あっと、養殖のウナギの場合、ほとんど雄なんですよ。ウ
ナギは雌雄同体生物でして、成長する過程で周りの環境によって雄に
なるか雌になるか決まります。養殖すると９割が雄になります」
男性社員 B「へえー、面白いですね。雄か……ウナギの泳ぐ姿とマッ
チしないなあ」
男性社員 A「まあ、イメージだから雌、女性でいいんじゃないですか
ね」
立川課長「女性ですか……ターゲットの好みに合わせる必要があるわ
けですね……」
男性社員 A「ええ、映像はイメージですから。雌はゼロじゃないわけ
ですよね」

女性社員Ｃ「養殖で成長するのだから、大人の女性じゃないわね。最初は子ども。子どもが大人になっていく感じかしら」

男性社員Ａ「３人も似た役者を準備するのは大変だな。中学生くらいにするか。水着はスクール水着にしてウナギの雰囲気を出しますか。スクール水着なら露出も少ないし、好感度高いだろう。ウナギっぽいイメージになる」

女性社員Ｃ「養殖の雰囲気をどう出しますか。人間が上から目線で養殖はよくないわね。ウナギが自主的に養殖を望むようにしますかね？」

男性社員Ｂ「お、それいい発想。逆転の発想というアプローチ。あ、浮かびました。スクリプト、これでどうですか。プールの中に一人の女の子。養って、とつぶやく。そして自由に泳ぐ。水の音、美しい音楽、美しい風景。優雅に泳ぐ映像が数カット。そして、さようなら、と言って去る。海原市の名前とウナギ。最後は、新しい女の子がプールから顔を出す。海原のうなぎを、ふるさと納税で」

女性社員Ｃ「かなりおやじ目線の感じはしますけど。少しリスキーじゃない？」

男性社員Ａ「ギラギラさせず、しっとり美しい映像で品良くつくればいいんじゃないか。当たり障りのない映像よりリスクがあるぎりぎりの表現を狙った方がマーケティングとしては成功するから。立川さん、いかがですか？」

立川課長「私はすみません、その辺りがよくわらないので、皆さんのセンスでお願いします。話題になって目標とするふるさと納税が集まればいいので」

　海原市は2019年10月21日にプレスリリースし、動画が公開された。

プレスリリース文

## 海原市　ふるさと納税 PR 動画「うなちゃん」を公開

海原市（某県、人口 3 万人、市長：高尾次郎）は、本日10月21日にふるさと納税 PR 動画「うなちゃん」を公開します。

海原市の地下水はミネラル分も多く、水量も豊富であるため、うなぎの養殖には適しています。昨年度の当市ふるさと納税額は、8.1億円で全国35位、県内 3 位でしたが、今年度は、目標を40億円とし、すでに10.3億円（4 － 7 月実績）と現状、県内トップで推移しています。また、当市のふるさと納税返礼品のなかでうなぎが占める割合は約80％と圧倒的な人気です。

この動画では、うなぎを擬人化し、当市でうなぎが大切に育てられている様子を描いています。物語は、真夏のプールで、一人の美少女と出会うところからスタート。彼女は画面（あなた）に向かって、「養って……」という刺激的な言葉を放ちます。上質でどこか懐かしさを感じる映像に、思わず見入ってしまうでしょう。映像は主に湧き水を使用したプールで、美しく潤い豊かな水を感じられるようになっています。撮影は、すべて市内で実施。豊かな自然と美しい湾を誇る場所であり、動画を見てくださった方が、海原市の美しさと豊かさを感じ取ってくだされば幸いです。

　PR 動画が公開されると、アクセスが殺到した。「美しい」「詩のようだ」と評価する一方で、「養って、は女性蔑視」「スクール水着はチャイルドポルノで多用されている。幼児への性虐待を連想させる」「養殖うなぎは雄だ。知識のミスリード」と批判の声もあった。最初はネットでのプチ炎上だったが、全国各地から市役所に抗議の電話が毎日200件入ってきた。職員は対応に追われ疲弊した。マスメディア

が取材をはじめ、次第に批判の声が大きくなっていった。5日後の10月26日に海原市長高尾次郎のコメントを海原市の公式HPで公開することとした。

---

10月21日に公開いたしました、当市ふるさと納税PR動画につきまして、動画公開後、さまざまな批判を受けました。視聴者の皆様に不愉快な思いをさせていることを重く受け止め、本日、10月26日17時に動画の配信を停止しました。

今回の動画制作の意図は、海原市の天然水でうなぎを大切に育てていること、栄養や休息を十分に与えてストレスのかからない環境で大切に育てているとお伝えすることでした。しかしながら、引き続き動画を配信することにより、視聴者の皆様に更に不愉快な思いをさせてしまうだけでなく、これまで海原市へふるさと納税をしていただいた寄附者の皆様や地元市民の皆様をはじめとする関係者の皆様に及ぼす影響を考え、動画の配信を停止する決定をいたしました。

最後に、視聴者の皆様、関係者及び市民の皆様に多大なるご迷惑をおかけしたことを重ねてお詫び申し上げます。　　　　海原市長高尾次郎

---

**納税課PR担当立川課長**「市長、大変申し訳ございませんでした。まさか、こんなに批判を浴びるとは思いませんでした。女性職員にも見せたんですが、特に意見はなかったものですから。」

**高尾市長**「私ももちろん事前に観たし、詩的で美しいと思ったんだがね…。スクール水着がチャイルドポルノで多用されているなんて知らなかったよ」

**立川課長**「はい、私もです。ただ、確かにDEFエージェンシーの女性社員はややリスクがあると意見は述べていました。何がどんなリスクなのか、その時は聞かなかったのですが。今思えばあの時何がリス

キーなのかもっと確認しておけばよかったと思います。ぎりぎりを狙った方が話題になるという DEF エージェンシーの発言に引きずられて、そのまま乗ってしまいました」

高尾市長「まあ、ネットで炎上して批判を浴びたけれど、結果的に話題になって、全国紙に取り上げられるほどになったから、よしとしよう」

立川課長「そうなんですよ。結果として全国民に知れ渡ってふるさと納税は順調です。目標額を軽く突破しそうです。励ましのコメントもあるので落ち込む必要はないと思っています。まさに失敗は成功の母です！」

## リスクマネジメントの観点から

　この事例は、リスクマネジメントの観点からすると失敗になりますが、ふるさと納税を集めるという目標は達成しているので、目標達成の意味では成功しています。これをどう考えるかなかなか難しいテーマです。立川課長が振り返って反省しているように、エージェンシー側の女性社員がせっかく指摘した危惧をスルーしてしまったのは判断ミスといえます。エージェンシー側もどのようなリスクがあるのか、何がぎりぎりなのかその場でリスクを洗い出してお互い納得した上で進めていれば、賞賛される素晴らしい作品になった可能性があります。

　そもそも、養殖ウナギが雄なのに女の子でいいのかどうか、その点をもっと深く議論する必要があったのでしょう。立川課長はやや心配だった様子ですが、そのまま押し切られています。イメージ優先かミスリードを避けるか、ここも悩ましい点ではありますが、市役所という立場であれば、イメージを優先させてしまうエージェンシーに対して、自分達の軸、譲れない部分はしっかり伝えるべきだったといえます。発注側からすると、自分達は専門知識がないために、遠慮してし

まうといった場面はありがちですが、プロフェッショナルは与えられた条件の中で最高のパフォーマンスを発揮する立場です。両性的な美少年にするだけで批判は避けられ、むしろ女性ファンを開拓といった新展開が出来たようにも思います。

　炎上マーケティングといった考え方があるのも確かです。炎上マーケティングとは、炎上を意図的に起こし、注目を浴びることで売上や知名度を高める手法です。第2章で説明したように話題の作り方の古典的手法や、「あー、へー、ほー」のニュースの作り方とは異なり、リスクが伴う方法です。男性はこうあるべき、女性はこうでしょ、といった役割を型にはめた考え方「ジェンダー」表現は炎上しやすいテーマです。このケースの場合、「美少女」「養って」がそれにあたります。プレスリリース上にまでわざわざこの言葉を入れている点が炎上を加速させたといえるでしょう。

　結果的に目標金額を上回る結果となったので、目的は達成されました。これを成功とする考え方も確かにあるでしょう。個人のYouTuberは炎上リスクなしにアクセスを伸ばすことはできませんから、あえて炎上する仕掛けをする人もいます。

　しかし、企業や団体、行政といった組織でもリスクをとって目標達成にまい進していいのかどうか。せめて「美少女」「養って」をプレスリリース上に掲載しない選択をするべきだったのではないでしょうか。また、ウナギの養殖は9割が雄なら、雌だと誤った情報になってしまうことから、美少女ではなく、両性的な美を持つ少年にして、「あれは誰？　少年か少女か？」と知りたくなる姿とし、実はあれは少年、と後からわかる、あるいはわからないようにする、取材で回答するといった一工夫の仕掛けをしていれば、炎上リスクを回避して、話題になった可能性はあります。そうすれば、評判も落とさず、配信停止を回避し、市長の謝罪コメントも出さずに済んだのではないでしょうか。

**危機管理の視点から**

配信後、5日で市長の謝罪コメントを出している点では、迅速な対応だったといえます。しかし、コメント内容が曖昧で、説明責任を果たしているとは言えません。「今回の動画制作の意図は、海原市の天然水でうなぎを大切に育てていること、栄養や休息を十分に与えてストレスのかからない環境で大切に育てているとお伝えすることでした」と自分達の考え方のみで、「さまざまな批判」については、具体的な記述がありません。自分達の考え方に対し、どんな批判が起こったのか、どこにどんなギャップが生じてしまったのか、なぜ生じてしまったと思うのかの説明がないため、わけわからないけれど批判されたから配信停止とする、といった小手先の対応に見えてしまいます。

「ウナギの養殖は9割が雄なのに、雌というミスリードをしてしまった」「事実よりもイメージを優先してしまった」「美少女」「養って」とプレスリリース上の表現や映像にお叱りを受けたなど、実際に寄せられた具体的な記述があれば、説明責任を果たし、ダメージコントロールになったといえます。批判の声をそのまま掲載するのは勇気が必要ですが、**向き合う姿勢は信頼回復には欠かせません。**

ケーススタディ 3

# ■ 転覆事故

株式会社大和 ABC クルーズは、社員30名によって運営されている会社で、主な事業は水上バスや観光船、クルーズ船の運航。社長の大崎太郎は、東京で不動産事業を行っていたが、大和 ABC クルーズ社が事業売却先を探していると聞き、2018年1月に買収した。大崎太郎は、大和 ABC クルーズ社の事業立て直しにあたり、水上バスが停泊する地域の宿泊施設も同時に行い、相乗効果を高めることとした。利益を出すためにはコストカットが必要だと考え、給料が高額な船長か

ら若手船長への人員交代を進めた。その結果、浅瀬に乗り上げてしまったり、漂流しているロープの塊に船首が接触し乗客3名が軽傷を負ったり、事故が多発するようになった。2022年3月、国土交通省による特別監査が行われた。

**特別監査での大崎社長と国土交通省職員のやりとり（2022年3月）**

職員A「大崎社長、安全総括管理者と運航管理者、それぞれの役割を理解していますか。これは重責ですよ」

大崎社長「いやあ、そう言われましても、私ら中小企業ですから」

職員A「社長ができないのであれば、わかる人を配置すればいいのです。水上バスを運航している時には営業所には必ず運航管理補助者や代行者を置いてください。そもそも3年以上の船舶に関する実務経験を有する者じゃないと運航管理者にはなれませんが」

大崎社長「それより、書類の書き方が難しくてようわかりませんので、少し手伝っていただけませんか。注意事項細かすぎませんか。中小企業いじめみたいなもんじゃないですか」

職員A「観光船の運航は人の命にかかわりますから、責任をもって運航管理を行ってください」

大崎社長「はい、わかりました。改善すべき点は改善します。日本は中小企業で成り立っているんですから、私も社長として頑張らないといけないんです。文章がうまく書けないんで、とにかく書き方を教えてください。あ、そうだ、聞き取ってそちらで文章化ってできませんか」

　職員Aは、そのまま押し切られ、大崎社長の口頭説明を文章化し大崎社長に送った。大崎社長は書いてもらった文章を改善策として提出した。

**2023年4月25日　朝7時　大崎社長と品川船長の会話**

品川船長「今日の天気ですが、午後強風注意報と波浪注意報が出てい

ます。天気が荒れる可能性はありますがどうしますか」

大崎社長「今のところ風もないし視界も悪くないよな。まあ、行けるんじゃないか」

品川船長「他の船長たちからは、今日は止めた方いいとは言われましたが、申込が17名あってお客さんは楽しみにしていますよね」

大崎社長「じゃあ、荒れたら引き返す、でどうだ」

品川船長「……わかりました。昨年から観光船にも義務化された救命ボートもありますから」

大崎社長「なんだ⁈　事故が起こることなんて考えるな！　縁起でもない。空見てみろ、晴れているだろう」

品川船長「私はまだ経験が十分ではないので、いろいろ想定しておかないと」

**朝10時**　水上バス「ハママツ」（40名乗り）は、子ども３名、大人14名、船長と甲板員を加え、合計19名を乗せて出港。３時間コースで13時帰港予定だった。12時過ぎに波が高まったため、14時の便の運航は中止することとした。

**12時30分　品川船長と事務所社員が無線交信**

社員Ａ「品川船長、波が高くなっています。今どうなっていますか」

品川船長「戻るのに時間がかかりそうだ。13時15分頃の予定だ。念のためサポート体制を万全にしてくれ」

社員Ａ「救助に行けるように全船長を招集します。他社のベテラン船長にも協力をお願いしてみます。海上保安庁の救助要請118番通報が必要になりそうですか」

品川船長「必要になるかもしれない」

　社員Ａは社長の携帯に連絡するがつながらない。

### 13時　品川船長と無線交信

品川船長「全員にライフジャケットを着用させた。揺れが激しい。転覆するかもしれない。まさか沈んだりはしないだろう」

　社員Ａは、救助に向かう判断をするが、波が高く救助に向かえない。

### 13時30分　品川船長と無線交信

品川船長「大変だ！　エンジンが止まった。何でだ？　沈んでる！救命ボートで脱出準備する」

　品川船長は、海難事故として118番通報した。救命ボートを出したところ、15名乗りが1つのみだった。「しまった！　社長がそういえば、経費削減したいからって、監査の時だけ数が足りるようにしていたんだ。もう一隻の遊覧船から取り外してうちに持ってくればよかった……」

　子どもと女性、年齢の高い順にボートに乗りこませ、自分を含めた男性4名はボートにつかまる形で救助を待つこととした。

　1時間後、海上保安庁の船が現地に到着。19名を無事救助した。

### 15時、大崎社長は事務所に戻った。既に報道陣が事務所を取り囲んでいた。

報道陣「会社の方ですか？　社長さんですか？」「今日はなぜ出港したんですか？」「船長のお名前は？」「経験は何年ですか？」「最終判断者はどなたですか？」「今までどこにいたんですか？」

社長「押さないでください！　入れないじゃないか！」「最終判断は船長ですよ、決まってるでしょ！」「荒れたら引き返すことになっていたんだし、現場での判断は船長です。まだ状況わからないんだ。たぶん船長が無理したんでしょ」「今まで？　病院にいたんですが」

　大崎社長のコメントはテレビで報道された。

リスクマネジメントの観点から

　この事故の直接原因は、強風波浪注意報が出ているにもかかわらず、出港する判断をした点にあります。なぜ、そのような無謀な判断ができたのか。環境要因としては、経験の浅い船長だったため、若干不安があったのに社長の言葉に従ってしまったのです。

　さらに要因分析をしていくと、ベテラン船長がいなかった理由は、社長が利益を優先し、人件費をカットしたためです。その結果ベテラン船長がいなくなってから、事故が相次いで起きています。ハインリッヒの法則からすると、大きな事故の予兆となってしまっているわけですから、会社としてそれに気づき、対策を立てるべきでした。会社の経営方針が根本的な要因であったといえます。

　40名乗りの水上バスに15名用の救命ボートしかなかったのも経費削減のためでした。2022年に発生した知床遊覧船事故では、当時水上バスでは救命ボートが義務づけられていなかったため、ありませんでした。一方、たとえ救命ボートがあっても人数分がなければ、奪い合って全員が沈む可能性もあるわけです。このケースでは、品川船長が、救命ボートが何人乗りかを確認していなかったことを後悔しているように、出港にあたってチェックしなければいけない点が抜けていました。人数分あったとしても、長い間使っていなければ、破れていることもありますから、そういった点も事前確認が必要です。

　もう1点行政の視点からも考察します。会社の努力だけに任せていればいいということでもありません。大崎社長は改善すると言いつつ、国交省の職員にいい加減な態度をとっています。ここで、国交省の職員がもっと厳しく社長に指導してチェック機能を果たすことができていたら、大きな事故は防げていた可能性はあります。

　職員は厳しいことを言いつつ、書類を代筆してしまうという、あってはならない対応をしてしまいます。親身になりすぎて度を越してしまいました。面倒見のよい公務員ですと、やってしまいがちです。ま

た、中小企業いじめ、と言われてひるんでしまったのかもしれません
が、ここは引いてはいけない場面です。国交省は、交通、気象、海上
と日本国土全般をカバーする省庁で、まさに国民の命に直結していま
す。何度も事故を繰り返す企業は公表するといった毅然とした対応が
必要です。

## 危機管理の観点から

　大崎社長は、取材陣に囲まれてどんどん回答していますが、これは
ダメージを深める対応です。出港したのは半ば社長命令だったにもか
かわらず、船長が判断した、と責任をなすりつける発言をしています。
もみくちゃにされると、それだけで腹が立って失言してしまいます。
2000年の食品会社における集団食中毒事件においても、エレベー
ター前で取材陣にもみくちゃにされて「俺は寝てないんだ！」と言っ
てしまった失言もそのような状況で生まれてしまいました。
　状況が把握できない状態で取材が殺到する場面は、危機発生時によ
くあります。では、失言を避けたいからいって何も言わず逃げれば
いいかというと、そう単純ではありません。
　状況がわからないまま報道陣に突如として囲まれてしまったら、ま
ずはいったん歩くのを止めて立ち止まります。そして、「今は状況把
握に努めています」「まずは救助を最優先にしています」「全力で救助
します」「わかり次第、発表します」と基本姿勢を示します。「〇時ま
でに一度情報を整理し、その時点でわかったことを発表します」と向
き合う姿勢を見せます。現状がわからなくても、姿勢や方針を示すこ
とが説明責任になり、ダメージコントロールになります。

## ケーススタディ 4
# ■ 自殺した社員の遺族が記者会見

　東京 ABC 社は、社員425名のウェブマーケティング会社。設立から25年で創業メンバー 5 名はハードワークで急成長してきた。神田花子は福岡出身で東京では一人暮らし。東京 ABC 社に新卒で入社。成長意欲が高く、ハードルの高い仕事にもチャレンジする明るい性格と評価されていた。3 年目の 9 月に企画部に異動し、新しい上司として有楽町太郎がつくこととなった。有楽町部長は創業メンバーの一人で企画の神様と呼ばれるほどユニークなマーケティングプランを作る人気プランナー。神田花子は人気プランナーの下で能力を高められる、と期待に胸を膨らませ張り切って取り組んでいた。飲み会の後でも会社に戻って仕事をしたり、土日も返上して企画書を書いたりしていたことは社内でも知られていた。しかし、11月頃から、上司の有楽町部長から叱責される回数が増えていった。クライアントへの提出も遅れるようになった。

**2020年11月11日　オフィス（オープンスペースで10名が同じ部屋）**
有楽町部長「おい、神田！　ちょっとこい！　新橋商事からクレームだ。おまえ、提案書を期日までに送らなかったんだって？　どういうことだ？」
神田「え、ほんとですか？　先方からはご承諾いただきましたが……」
有楽町部長「俺は聞いてない。提出期限の厳守は基本だろ。向こうから値引きを要求されているぞ」
神田「先方のご担当者からは承諾を得て……」
有楽町部長「じゃあ、何でクレームが来るんだ！　子どもみたいな言い訳をするな！　何で遅れたんだ！」
神田「あの、有楽町さんからの指摘された部分の修正が間に合わなく

て」

有楽町部長「じゃあ、何でその日に私に言わなかったんだ！　自分で判断するのは10年早い！　おまえは未熟者だろうが。一人で企画書が書けない半人前だろ」

神田「すみません。その日体調が悪くて、頭が回らず、未修正のまま送るわけにいかず……」

有楽町部長「体調悪いだと？　何甘えたこと言ってるんだ。体調悪くたって、企画書の修正くらいできるだろ。とにかく謝ってこい。言い訳なんてするんじゃないぞ！」

神田「申し訳ありません……」

## 12月5日

神田「週末、頑張って企画書を書いてみたんですが、見ていただけますか」

有楽町部長「あー、全然だめだね、これじゃ。こんなの書くために土日返上したの？　発想が平凡すぎて話にならないよ。全然進歩しないし、成長もしないよね。もう自分で考えるの止めたら？　無理だから。私のサポートだけしていればいいよ」

　　毎週月曜日に神田花子は企画案を提出したが、毎回同じ会話が繰り返された。次第に神田は表情がなくなり、お化粧をしない、髪がボサボサになる、服はしわくちゃのまま着ているなど、見た目も変化していった。他の女性社員からもランチに誘われなくなり、一人でパソコンの前でランチする風景が増えた。出社から退社まで、誰とも会話していないことが多くなった。

## 12月27日

　　一人暮らしの自宅で神田花子が遺体で発見されたと警察から連絡。第一発見者は神田花子の父。死亡推定時刻は、12月25日17時。遺体の

状況から警察は自殺と判断。上野道子人事部長（総務・広報を兼ねたポジション）、神田花子の上司の有楽町部長、秋葉原次郎社長が緊急会議を開催し、今後の対応を話し合った。

秋葉原社長「どうなってるんだ！　自殺なんて」
上野部長「実は、神田花子さんと2回面談はしていました。残業時間が、9月98時間、10月121時間、11月130時間と増えてまして。ただ、本人からは、頑張りたい。上司には言わないでくれ、乗り越えるから、早く一人前になるからと。それより彼氏がいて、その人と会う時間がない、とこぼしていました。体調悪い日が多いとも言っていましたが、自己責任だから何とかする、とも」
有楽町部長「それじゃあ失恋が原因だな。僕は厳しいけど、彼女に対してだけじゃないから。何度も企画書は突き返したけど、そうやってみな打たれて、頭をフル回転させて、強くなって成長していくのがうちの会社の成長力だろ？　僕ら創業メンバーは残業なんて考え方なかったしな」
秋葉原社長「直接のきっかけは失恋だったとしても、この残業時間なら、労災認定されるだろう。あとは遺族がどう出てくるかによる。損害賠償請求される可能性は高いか……」

　2021年9月11日、厚労省記者クラブにて神田太郎が記者会見。パワハラと過労死を認め、謝罪と補償をしてほしい、二度と起こさないでほしい、と訴える内容だった。夕方、NNNからの電話を皮切りに報道各社から問い合わせが殺到した。

社員A「社長、部長、大変です！　読朝新聞の記者が会社に来て、取材対応はしないのか、記者会見はしないのか、って粘っています。会社としてはコメントを控える、と言ったのですが、外で帰宅する社員に声をかけています。どんどん報道関係者が増えていっています。ど

うしたらいいですか。記者会見はするんですか？」

秋葉原社長「何で記者会見なんだ。社員の過労死でいちいち会見するなんてあるか。なんでメディアは取り上げるんだ」

社員Ａ「確かにそうですが、神田さんは学生時代週刊誌でアルバイトしていたから有名なんですよ。うちでも入社１、２年目には広報を担当してもらっていましたし」

上野部長「社員には報道陣から逃げるように伝えましょう。ここは黙って耐えるしかない。そのうち報道陣も諦めるでしょう」

社員Ａ「さすがに逃げきれませんよ。公共放送のNNNだけ対応しませんか。記者会見はリスクがありますから。個別なら条件交渉できるでしょう」

　この後、東京ABC社は記者会見せず、NNNのみ応じることに。しかし、NNNだけ対応するのか、と他のメディアからクレームが殺到。その後もマスメディアからの問い合わせは続いた。採用広報には大きな支障が出た。前年と比較すると応募が半数となった。対応方針を変更し、会社のホームページに、謝罪と再発防止策、受けた質問への回答も掲載。その後、ようやく問い合わせは減っていった。

## リスクマネジメントの視点から

　このケースでは３つの予兆がありました。１点目は残業が３か月連続で増えていたことを人事部長が把握していたこと、上司のパワハラが日常的であったこと、神田花子の体調の悪さや変化、孤独な様子を周囲も知っていたこと。どれも予兆がありながら、会社として対策が打たれていません。なぜ、放置されてしまったのか。創業メンバーで上司である有楽町が「残業なんて考え方がなかった」「会社の成長力」と発言し、人事部長も社長も否定していないことから、時代の変化に対応できていない状況にあったといえます。

　上司が神田花子を叱責する様子を言葉の使い方からみてみましょう。「神田」と呼び捨てになっています。「おまえ」は、男性が同僚や目下に対してよく使う言葉でぞんざいに聞こえます。「未熟者」「半人前」など人として認めない言葉の選択、「進歩しない」「成長しない」「考えるのを止めたら」と人格否定をしています。ハラスメントは時代と共に変わっていきます。25年前と同じ感覚で言葉を使っていると若い社員とは隔たりが生じてしまいます。

　厚労省の過労死白書（令和4年発表）によると、自殺者数の推移を原因・動機の詳細では、令和3年は、「仕事疲れ」（28.3%）、「職場の人間関係」（24.6%）、「仕事の失敗」（17.0%）、「職場環境の変化」（14.0%）の順となっていいます。神田花子は、9月に異動という職場環境の変化があり、残業が増えて仕事に疲れていきます。納期でクレームが入るという仕事の失敗があり、職場でも孤独な様子が見られ職場の人間関係悪化があります。全てに当てはまっているといえます。

　かといって、仕事はそこそこ、失敗があっても叱責しない、職場環境は変えない、とすればいいかというと、そうではありません。残業が多くても、職場の人間関係が良好で助け合いができている、仕事の失敗で叱責されても小さな成功でも評価される、このようなメリハリのある環境が大切だといえます。たとえば、筆者（石川）のよく知る24歳の女性は、月に1回しか休みがなく、3日連続徹夜が毎月発生する職場でしたが、パワハラはなく、仕事を任せてもらえる環境ではあり、本人に成長実感がありました。上司が女性だったので生理の日は、交渉して自宅作業に切り替えてもらえるという柔軟性もありました。とはいえ、最終的には、「仕事量が多すぎ。やりたい仕事なら耐えられるけど、将来目指す分野ではない」として退職してしまいましたが。

　では、会社はどうすればよかったのか。予防的観点から考えるとキーパーソンは上野人事部長になります。上野人事部長は状況を把握

していたわけですから、上司に対して部下の残業時間の把握や育成方法の改善について話をする場を設ける必要はあったといえます。もっとも有楽町自身は自分の成功体験があるため、そこから脱却するのは困難であった可能性はあります。スルガ銀行の不正融資事件においても、業績のよい営業マンには、他の部署から何も言えない雰囲気になってしまったが故に誰もが不正は見て見ぬふりとなり、ハラスメントも止めることができませんでした。

コンプライアンスや違法への感度が低い人、「成功」へのこだわりが強い人には、第1章で紹介した「成功の循環モデル」といった新しい情報をインプットする方法があります。関係の質が上がると、思考の質も上がり、行動の質もよくなり、結果の質も高まるとする考え方です。リスクマネジメントで陥りがちなのは、「あれだめ」「これだめ」と言いすぎてしまうこと。売上や業績向上といったよい結果をもたらす法則、人材開発の考え方をセットで導入すると前向きに取り組めるのではないでしょうか。

言葉遣いのルールを設けるのも有効です。乱暴な言葉を放置するとハラスメントが発生しやすくなるからです。営業利益が50％と急成長している株式会社キーエンスでは「さん」づけで呼ぶ、会議室には入った人から座るといったルールがあります。フラットな雰囲気を作るためです。このように日常の表現や行動に簡単なルールを作ることから始めてもよいのではないでしょうか。


## 危機管理の視点から

過労死の場合、記者会見するかどうかはとても難しい判断です。一般的には、マスメディアが知らない状態であれば記者会見をする必要はないといえます。会社としてどう遺族に対応するか、その方針を明確にする方が大切です。そして、遺族が何を望むかによって対応が変わってきます。

　今回の神田太郎さんによる記者会見は何が目的だったのでしょうか。謝罪と補償を求めていることから、会社からの謝罪、補償がなかったのだとわかります。なるべくそっとしてほしい方、公の場で謝罪してほしい方、さまざまです。筆者の過去の経験でも、公の場で謝罪してほしい、と訴えたご遺族はいます。遺族の気持ちに寄り添って対応することが肝要です。

　東京ABC社は、NNNだけ取材対応することにしてしまいました。まずは、公式サイトに哀悼の気持ちを伝えるのが先です。過労死認定された事実を重く受け止め、会社として責任を持って対応していく方針、再発防止策として1年間取り組んできたこと、さらに強化していくことなどを記載する。それでも収束しない場合には、改めて個別インタビューか記者会見を含めて考えていく形にすれば収束はもっと早かったでしょう。

　NHKの単独インタビューで報道が収束した事例はあります。大阪の高校で、バスケット部の顧問がキャプテンへの体罰を繰り返し、生徒は顧問宛てに渡すつもりだった手紙を残して自殺しました。報道が過熱化し、保護者らは顧問に対し寛大な措置を依頼する署名活動まで行ったことでさらに加速していきました。顧問の先生は、NHKの単独インタビューに応じ、心からの反省、後悔を述べてから、沈静化していきました。このように個人が自分の身を守るために単独インタビューに応じる選択は、あり得ます。

## ケーススタディ5
# ■ 元社員がハラスメントを受けたとして記者会見

　巣鴨ABC塾はクラス制による公務員試験対策塾で社員は51名。2016年6月に入社した目白京子は、講師としてクラスを担当していた。研究熱心で受講生からの評判も高かった。会社としても目白の活躍を期待していた。目白は入社4年後の2020年に結婚、妊娠の報告が

あった。

　巣鴨ABC塾は若い社員が多く、目白は初の妊娠・出産社員であった。正社員として時短勤務ができること、講師から事務職への切り替えも可能であること、契約社員や業務委託など複数の選択肢があることを伝えた。

　一方、他の講師からは、目白京子が妊娠後、休みが多くなったことから、クラス担任は難しいのではないかといった意見も出ていた。社内における雰囲気も一変した。目白京子は、労われて当然ではないかといった態度になり、他の社員との関係がぎくしゃくし始めた。

　年が明けた2021年1月、目白京子が産休・育休に入る。職場復帰を予定していた2022年4月を前にして「保育園が決まらないため、職場復帰を待ってほしい。何とか10月から週5日で講師として勤務したい」と要望があり、会社も承諾した。社内では不安な声もあったが、クラスも準備し、担任を任せた上でサポート体制を構築していくことを決定。しかし、9月に、目白京子から12月からの勤務にしたいと復帰延長の申し出があり、面談をすることになった。

## ―9月　会社と目白京子の面談シーン―

目白「保育園に入れないんです。10月からは無理です。お待ちいただけますよね。12月にしていただきたいんです」

人事担当大久保「認可保育園以外にも民間保育園、保育ママ、病児保育、ベビーシッター、いろいろありますが、探してみましたか」

目白「どうしても自宅近くか駅近くに入れたいので、それ以外は考えられなくて」

大久保「最初から理想の保育園に入れることは稀ですよ。まずは入れる保育園に入ってみたらどうでしょう」

目白「いえ、自宅近くの保育園の評判がいいから、どうしてもそこに入れたいんです」

大久保「では、それまで保育ママやベビーシッターを活用してはどう

ですか。時短勤務にすればいいわけですから」

目白「安心して預けられる人が見つかっていないんです。不安で仕方ありません。保育ママやシッターで何か事故が起きたら会社は責任を持ってくれるんですか。私は理想の環境を子どもに用意したいんです。講師として優秀な私が十分安心して預けられる保育園が見つかるまで会社として待つべきではないですか」

大久保「12月になったら保育園に預けて働くことは可能なのですか」

目白「それはわかりませんが……」

大久保「うちは大企業ではありませんから、ずっと待ち続けることができないんですよ。人手が足りないので、ぜひ働いてほしいのですが、目白さんも預け先を見つける努力をしてください」

目白「あの……週3回なら何とかできるかもしれません。親に来てもらいます」

大久保「週3回であれば、契約社員になります」

目白「週3回勤務でも正社員になりませんか」

大久保「今、会社の規約はそうなっていません。以前申し上げたように、正社員は週5日時短勤務4時間からの選択、そうでない場合は契約社員になります。正社員として勤務できる条件が整えば、再度話し合いをしましょう」

　目白は10月1日から週3日4時間勤務の契約社員となることで合意をして書面にて契約を交わした。しかし、10月15日、目白から正社員に契約変更したいと申し出があった。その後、社労士を交えて働き方について目白と面談をしたが、会社としてはもう少し様子をみる判断をした。その後も目白は突然怒り出したり、社員が声をかけると録音したりするようになった。会社が録音を禁じても、「自分を守るため」と主張し、社内で孤立していった。クラスに関しても、出社できない、遅れる、といったことが頻繁に発生。一部オンライン形式に変更したが、直前に遅れる連絡が入るといった状況が続いた。受講生から

も、講師を変えてほしい、といった声が寄せられるようになった。

　2022年12月、目白京子の上司、高田一郎が目白に声をかけた。「妊娠出産で性格変わった？　そもそもだんなさんはどう思っているのかなあ、今の目白さんの状況を。だんなにしっかり稼いでもらっているんだから無理して働かなくてもいいんじゃないか。男としては、女性を養う義務があると思うよ」

　高田は、一度だけではなく、複数回同じような内容で声をかけた。そのうちの1回を目白京子は密かに録音した。なお、高田はやや失言癖があると他の社員からしばしば指摘を受けていた。

　会社としては、目白と面談を重ねつつも解決が見出せないため、労働審判を検討し、2023年4月に申し立てを行った。しかし、目白が一般の労働組合からのアドバイスを受け始め、関係が悪化したため、7月に提訴に切り替えた。11月10日、目白が厚生労働省で記者会見を行い、不当解雇であること、正社員から契約社員にさせられた、上司から妊娠中にハラスメントを受けたと訴え、高田の声を録音したテープを流した。同日夕方から会社に報道各社から問い合わせが相次いだ。当初個別に対応していったんは乗り切ったが、再度目白側が記者会見をするといった情報が入った。このままでは会社として対応に限界があると判断。そこで記者会見をすることとした。

　記者会見は初めてであったためリハーサルを実施したが、社長からは目白への恨みつらみが出てきてしまい、社員を悪く言う経営者のように見えてしまう、といった指摘を危機管理コンサルタントから受けた。目白に関する質問がきても詳しい話はせず、「仲間だった人と互いに提訴しあう状況になってとても残念」と回答できるまで訓練を重ねた。

記者会見で配布した文書（ポジションペーパー）

報道関係者各位

2023年11月20日

株式会社巣鴨ABC

代表取締役社長　池袋太郎

## 元社員との雇用問題について当社の現状認識

2023年11月10日に元社員が当社からハラスメントを受けたとして当社への提訴と記者会見を行ったことから、報道関係者の皆様からの問い合わせが相次ぎました。当社は1989年の創業以来、社内でお互い尊敬し合い、言うべきことを言える関係を築き、受講生一人ひとりに最高のサービスを提供することを理念として掲げて事業展開をしてきました。働く仲間であった元社員と雇用問題を引き起こしてしまったことは大変残念ですが、当社がこれまでどのような対応をしてきたのか、事実と経緯について報道関係者の皆さま向けに説明いたします。

## ■ご説明の要点

〇他の業界と同様、ベテラン講師が不足しているため、女性社員が妊娠出産でお休みをしていても、育休明けにはぜひ講師として雇い続けたいと考えていました。元社員（2016年6月入社）は、当社として初のケースであったため、働き続けることができるよう、本人の要望を聞きながら、3種類の勤務形態の整備、休職期間の延長など体制を整えました。

〇職場復帰（2022年10月）にあたって、元社員は自ら契約社員を選択しています。元社員は復帰後、注意指導拒否、社員行動指針逸脱行為を繰り返したため、会社はやむなく労働審判（2023年4月）を経て、提訴（2023年7月）に踏み切りました。その後、当該元社員から逆提訴（2023年12月）があり、事態は複雑になりましたが、提訴は当社が

先であることを強調しておきます。

○元社員との雇用契約の終了は、当該社員の前述の問題行動が理由であり、育児休業の取得その他の出産、育児等を理由とした不利益取扱いに該当する事実は一切ありません。

○元社員の上司の発言については、前後の文脈によって判断されるべきと考えます。司法の場での決着を待ちます。

○当社は7割が女性社員です。彼女たちなしで会社は成り立ちません。女性が出産・育児を理由に働くことを諦めるような会社であってはいけないと心から思っています。今回なぜこのような結果になったのか当惑しているというのが正直な気持ちです。

■問題の経緯
＊詳細は持参している訴状を閲覧ください。

■今後について
当社は、女性中心の51名という小規模事業者であるがゆえに、元社員の活躍を期待し、育休復帰後のために3種類の勤務形態を用意し、休職期間の延長も認めるなどの努力を重ねてきましたが、こちらからの労働審判や提訴、さらに当該元従業員からの逆提訴といった事態にまで発展してしまいましたことを大変残念に思います。

取材には積極的にご協力いたします。当社訴状もご希望の方に配布いたします。今回の問題について時期含めて詳細に記載されています。本日も持参していますので、自由に閲覧してください。

＊添付資料：会社概要、事業の特徴、経営理念と社員行動指針

## リスクマネジメントの観点から

このケースは、事前予防できたのかどうか、なかなか難しいのです

が、本質的な問題は、お互いの信頼関係が崩壊してしまったことにあります。どこで決定的に崩れてしまったのかを時系列で振り返ると、直接的な原因は、2022年の9月に行った面談だったように見えます。目白京子さんは入社直後には問題行動を起こしているわけではないことを考えると、妊娠、出産を機に会社と社員の間に溝ができてしまったのは明らかです。会社からすると、本当に復帰するつもりがあるのか、自分だけ特別と思い、職場復帰を先延ばしにしているだけではないか、といった疑心暗鬼がある。一方、目白さんからすると私は優秀なんだから、職場復帰にあたってはもっと会社がこちらの不安な気持ちを理解し、手厚くすべきと考えていて平行線です。会社が社労士立ち合いで面談・契約となるとそれだけで威圧されてしまいます。社内で相談できないとなれば、外部に相談する道を選び、結果として労働組合や弁護士、マスコミを頼ることになります。

　では、どうしたらよかったのか。例えば、会社がカウンセラーと提携し、社員が相談できる窓口を用意できていれば、別の形で収束していた可能性はあります。筆者（石川）もいきがかり上困った社員の対応をしたことがありますが、徹底的にその方に寄り添い、別の展望を見い出せるよう話し相手をした結果、行動は変わりませんでしたが、結果として退職しました。また、妊娠出産で気持ちは不安になることはよく知られていることではありますが、経験のない人には全く想像がつかないものです。全社員が妊娠・出産で体や心がどう変化するのかを学ぶ機会を作る対策も有効です。小規模事業者の場合、社員のメンタルは本人任せになってしまいがちではありますが、社員が一人でも欠ければ、採用コスト、育成コストと事業への影響が大きいことを考えれば、研修や相談窓口は予防策として各段に費用対効果がいいでしょう。

　上司の高田については失言癖がリスクとなっています。失言癖は本人が無自覚であるため、自覚を持たせる仕組みが欠かせません。失言する度に周囲が指摘をする、あるいはロールプレイで逆体験をすると

いった研修で自覚の機会を作り出せれば、改善につながります。癖は自覚できれば自己修正ができるからです。自分の言い方を動画撮影して見返すだけでも自覚を促せます。第2章でのドラマメソッドの訓練活用は失言癖の自覚と改善につながるのではないでしょうか。もっと手軽に行うのであれば、厚労省の「あかるい職場応援団」でさまざまな動画を見て、お互いに意見を述べ合う時間を1時間作るだけでも意識づけにはなるでしょう。

## 危機管理の視点から

　会社としての危機は、元社員が記者会見で上司のテープを流した時点といえます。このケースの場合、会社の規模が小さいため、記者からすると報道意欲が湧いてきません。小規模事業者でのハラスメントや労働問題はありきたりだからです。また、小規模事業者は報道された途端に評判を落とし、倒産するリスクがあるため、記者としても躊躇をしてしまうのです。

　しかし、問い合わせが巣鴨ABC社に殺到したのは、ハラスメントを受けたのが妊婦であったこと、証拠の録音テープがあったからです。「決定的証拠だ」「わかりやすい」「インパクトが大きい」「妊婦へのハラスメントは許しがたい」「これは報道しなければならない」といった心理が働きます。

　したがって、記者からの質問についても「事実なのか」といった二者択一の質問で迫られることになります。これを切り返すためには、前後関係の長い説明が必要となり、1社1時間の個別対応をすると10社で10時間。とても体がもちません。規模が小さければ社長が対応せざるを得ない状況にもなります。

　個別対応を記者会見に切り替えた結果、説明は1回で済みました。第2章で説明したポジションペーパー（見解書）では、時系列ではなく、最初に「説明の要点」としてまとめることで「主張」が明確にな

りました。この場合、最初に時系列にしてしまうと主張が目立たなく
なり、かつ時系列の羅列は会社のイメージダウンにつながるリスクが
あります。

　下線は、ポジションペーパーの手元資料用で、読み上げる際に、一
段と声を大きくゆっくり話す部分としました。音の強弱でも印象が変
わるからです。「会社が先に提訴したなら、社員に問題がどうやらあ
りそうだ」「これは追いかけても無駄になりそうだ」といった連想効
果を期待してのことです。

　このペーパーだけでは正直内容がよくわかりませんが、社員とのや
りとりを外部に出すのを避けるため、訴状を持参し、閲覧できるよう
にしています。これで何かを隠そうとしているとは思われない効果は
出せたといえます。


## ケーススタディ6
## ■ 事件に巻き込まれた

　新宿ABCアイクリニックは、代々木花実医師がメインで診察を行
う眼科。コンタクト販売会社で全国展開している株式会社DEFコン
タクトと提携している。年中無休で診察サービスをしているため、
DEFコンタクトからも医師が派遣されるしくみになっていた。

　2019年10月1日、新宿ABCアイクリニックは、DEFコンタクトか
ら医師免許のない原宿一郎を医師として派遣してしまったと報告を受
けた。DEFコンタクトは、他のクリニックにも派遣していることか
ら、全てを調査し終えた段階でまとめて公表すると説明した。新宿
ABCアイクリニックは、原宿一郎が診察した日と患者名、診察内容
を調べ、DEFコンタクトの発表を待つこととした。しかし、何度連絡
をいれても「もう少し待ってほしい」と繰り返すばかり。いつの間に
か窓口の担当者も代わってしまった。12月になるとネットや一部の地
方新聞でなりすまし医師について報道され始めた。2020年1月、新宿

ABCアイクリニックの代々木花実は待ちきれず、独自に公表する方針に変えた。

**―1月5日代々木夫婦の会話―**

花実「もう限界。これ以上待てない。患者さんに知らせないままの状態は耐えられない。でも一体どうやって知らせたらいいのかしら」

太郎（夫）「きみだけが悪者になるのはおかしいよ！　DEF コンタクトを告発した方がいいんじゃないか」

花実「告発するにしたって、自分達がやるべきことはやらないと。原宿一郎に診察を受けた人には全額返済し、再診察を無料で行う必要がある。その後はどうするかね。もう併設型ではやっていけない。閉鎖するしかないかな」

太郎「なぜきみがクリニックを閉鎖するんだ！　被害者じゃないか！」

花実「被害者だけれど、患者さんに知らせないと、私たちも加害者になってしまうのよ。それだけは避けたい。正直に話して私たちができる償いをする必要があるわ。患者さんたちには説明してきちんと責任をもって対応したい。閉院したって勤務医からやり直すわ。このままだと私のメンタルがおかしくなってしまう。理解して。一から出直そう」

太郎「そんなこと言われたって、簡単には……」

花実「ああ、あの時医師免許の原本を提示させていれば。原宿一郎を派遣で受け入れる際、医師データベースでは確認したのよ、ちゃんと。でも、わざわざ医師免許原本提示はさせなかった。信じてしまった」

太郎「そういえば、原宿一郎という人のこときみから聞いたことがない。もしかして何も知らない？」

花実「そうなのよ、自分がいない時に来てもらっていたから。契約では事前に DEF コンタクトと協議する形にはなっていなくて、彼らの

派遣を受け入れるだけだった。それにうちの医療スタッフともプライ
ベートな会話は一切なかったみたいだし。スタッフに言わせるとやや
交流を避けている風にも見えたということだった。考えてみれば何も
知らない人をうちの看板で医療行為させるって結構なリスクだった。
DEF コンタクトとは全くのビジネス関係だし。一応紹介だったけれ
ど、全国展開しているからすっかり信用していた。ああ、情けな
い！」
太郎「きみなりの償いはするのは賛成だけれど、DEF コンタクトが無
傷なのは納得できない。弁護士に相談してみる」

## 1 月19日

　代々木太郎は、弁護士に相談。ニセだという証拠がないため法的に
は難しいことが判明。マスメディアへの告発はできるとのことで専門
のコンサルタントにつないでもらうことにした。代々木太郎は、危機
管理コンサルタントに依頼し、メディアへの告発や患者向け文書、想
定問答集、対応窓口の設置を急いだ。
　代々木花実は 1 月20日警察に被害届けを出し、 2 月15日に患者宛て
の手紙を発送した。新聞記者 A への情報提供も同時に進めていた
が、最後の最後で、再出発のことを考え、記事化を見送ってもらうこ
ととした。

代々木太郎「申し訳ない。告発したい、って意気込んでいましたが」
新聞記者 A「正直残念。クリニック名を匿名にして、DEF コンタクト
の名前だけ報道する方法もありますけど」
代々木太郎「私も悔しい。でも、花実ドクターの新しい勤務先が決ま
りまして。もう過去に引きずられたくないと本人が言っています。再
出発に気持ちを切り替えて再スタートしたいと。動いて時間使っても
らったのにすみません」
新聞記者 A「わかりました。僕らは情報提供者の気持ちは尊重しなく

ちゃいけないんです。代々木花実ドクターは被害者でもあるから、僕らはドクターを困らせるようなことはしません。知らぬ存ぜぬで済ませてしまう人もいると思うけど、代々木花実ドクターの対応は立派だと思います」

---

患者への配布レター
(患者名) 様

2020年2月15日

新宿 ABC アイクリニック　医院長　代々木花実

## 当院に派遣された眼科医についてのお詫び

このたび、医師免許のない男性 1 名が、2018年から2019年にかけて計12回、医師斡旋業者から当院に派遣され、222名(コンタクト診療200名、一般診療22名)を診察したことが判明しました。当院にて診察を受けた患者の皆さまにご心配とご迷惑をおかけし、心からお詫び申し上げます。

### 〈これまでの経緯〉
昨年の10月に、当院とコンタクト診療で提携していた株式会社 DEF コンタクトの担当者から、医師免許のない男性 1 名が当院に派遣されたことが報告されました。これを受け、すぐに当該男性による診察内容を調査しましたところ、患者様が診察を受けていたことがわかりました。DEF コンタクトが、被害状況を調査し、まとめて発表することを待っておりましたが、今日まで何の進展もなかったため、当院は DEF コンタクトと決別し、単独で公表・謝罪し、償う道を選択することにいたしました。ご報告と謝罪が遅くなりましたことを重ねて心からお詫びいたします。

当院は、これまで地域社会に密着した医療を提供してきました。よう

やく地域の皆様に名前を覚えて頂き一般診療の患者様が増え出した時期に今回の事件が起こってしまいました。地域の皆様の期待を裏切る結果になり残念です。心より深くお詫び申し上げます。既に警察と監督省庁には把握している情報を提供しています。捜査の関係で当院からご説明できることは限られますが、医院長として責任を取り、4月15日に当院を閉鎖する決断をいたしました。

〈患者の皆さまへの対応〉

1. 当該男性による診察費用を全額返金します。来院日、診察内容、診察費は添付の通りです。ご確認ください。同封の返信用紙にお振込先の記載をお願いいたします。2020年3月25日までにご返送ください。25日締めで翌日末払いいたします。

2. 新宿 ABC アイクリニックでの再診は無料といたします。診療時間は次の通りです。

　　　■月曜日〜日曜日（水曜日は休診）

　　　　9：00〜12：30（受付は12：00まで）

　　　　15:00〜19:00（受付は18:30まで）

　　　■所在地：新宿区○○○○

3. 他の眼科での診察をご希望の方は、紹介状を用意した上で、診察費も負担します。返信用紙の希望欄にチェックをお願いします。紹介状を郵送いたします。

4. 本件に関するお問い合わせ専用電話を設置いたします。

　　新宿 ABC アイクリニック　お問い合わせ受付センター　0123-456789（月〜土、9：00〜19：00）

　　上記対応期間は、2020年2月15日〜2020年4月15日

〈添付書類〉

1. 過去来院日、診察内容、診察費

2. 返金口座、再診希望日、他の眼科ご希望先

　まずは DEF との契約に問題があったといえます。花実ドクター本人が後悔している通り、DEF コンタクトから派遣される医師について事前に協議できる契約内容ではありませんでした。協議できなくても、医師免許証の原本確認をしてもよかったはずです。

　このような不正に巻き込まれないようにするには、契約内容を詰めていくことの他に、そもそもコンタクト会社との提携について第1章で解説したようなリスク出しをしていればその時に気づいた可能性はあります。新しくビジネスを始める際には、必ずリスクが伴うからです。メリットだけではなく、どんなデメリットやリスクもあるのか、全て洗い出して文字にして見える化し、分類すると気づけることはあります。「人」に関するリスクは大きいのです。人手不足、ヒューマンエラー、SNS 投稿リスクなど、組織のリスクマネジメントでは重要な要素です。

　リスク洗い出しにあたっては、第1章で解説した「ハインリッヒの法則」を思い出してください。日常の中にある「おかしい」と思ったことはそのままにせず、1つずつ明確にしていく。花実ドクターが後から「あの人のことを全く知らなかった」と言っているように、DEFコンタクトや原宿一郎との会話の中でおかしなことはあったのだろうと思います。後からでもいいので、あの時気づくべきだったと振り返ることが再発防止に役立ちます。

　このケースでは自分達が知ってから4か月後に患者に知らせています。タイミングとしてはやや遅いといえますが、理由は明記していますし、閉院という責任の取り方をしていることがダメージを最小限にしているといえます。というか、これ以上のダメージはないともいえ

ます。廃業以外に選択肢はなかったのかというと、廃業せずに名前を変えて新たに開業するといった選択はあり得たと思います。ただ、同じ場所で開業することへの抵抗感、DEF コンタクトとの連携ではやっていきたくない、といった心情もあるでしょう。勤務医として出直して気持ちを立て直す時間を作る選択もありです。

　記者とのやりとりも着目してほしい部分です。告発者の状況が変わった場合は事情説明すれば記者側は報道を無理にしないのです。


## ケーススタディ7
## ■ 毒物混入予告で脅迫された

　某市立第一中学校では6月下旬頃から、トイレットペーパーがなくなる、体操服がなくなる、財布がなくなるといったトラブルが5件起きていた。学校としては校内警備を強化すると同時に毎回自首を促していた。7月5日12時30分、1年A組の三鷹一郎は水筒を飲むと変な味がしたため、ペッとその場で吐き出し教室の床が汚れた。皆が「きたなーい」「なにー？」「ちゃんと拭いてよー」と大騒ぎになった。
三鷹一郎「だってさー、仕方ないだろー。変な味がしたんだよ。腐ってんのかな。こんなこと初めてだよ。みんなも気を付けた方がいいよ。なんかちょっと喉もイガイガする」

　翌日6日、1年A組の黒板に紙が置いてあった。そこには、「すいとうに毒を入れた。次のしけんを中止せよ。中止しない場合また毒を入れる」。文字の大きさが大小まちまちで小学生のいたずら書きのようにも見えた。生徒が発見し、急いで職員室に届けた。

　校長の吉祥寺花江は緊急事態と判断し、副校長の小金井太郎を中心に対策チームを立ち上げた。学校は、校内カメラ、校内の理科室、農薬管理庫といった薬物の点検、保管状況を確認。体操服、お金、水筒で被害にあった生徒らへの聞き取り、校内警備強化、自首を促す校長講話、警察への相談といったあらゆる対応について担当者を決めてほ

ぼ同時に進めた。最初に3日間の目標を設定し、その間での解決を目指した。また、生徒が名乗り出ることを最優先とする方針を立てた。

　7日、保護者への第一報の一斉メールを流した。定期的に状況をお知らせする方針、学校としての対応状況、近日中に緊急保護者会を開催する予定を記載した。

　防犯カメラは外からの侵入者用玄関のみで廊下や教室には設置していなかったため、脅迫文を置いた人は確認できなかった。警察への相談の結果、筆跡鑑定がよいとアドバイスを受けて手配した。学校が設定した期限7月10日15時までに名乗り出る生徒はいなかった。7月12日、正式な筆跡鑑定の結果が出た。同じ日、テレビ局から「学校内で毒物混入するという脅迫、テロが起こっていると聞きましたが」と取材の電話が来た。テレビ局には折り返して返事をする、保護者会の後に対応することを伝えた。7月13日、生徒と保護者に連絡をとり、保護者と生徒に鑑定結果を提示したところ、国立次郎が犯行を認めた。


**―担任と生徒国立次郎の面談―**
担任「どうしてこんな危険なことをしたんだ？」
国立次郎「……勉強に全然ついていけなかった。学校がつまらない。事件でも起こしてやればすべてが止まるかなって」
担任「人を傷つければ自分も傷つくんだよ」
国立次郎「毒物飲んで死んだって、また生き返りますよね」
担任「（唖然として）いや、生き返らないよ。どうしてそう思うの？」
国立次郎「だって、ゲームでは死んでも死んでも生き返ってるよ！」
担任「それはゲームの中での話。現実の話じゃないだろ！　毒物が入った水筒を飲まされた友達の立場になって考えてみたか？」
国立次郎「？？友達って誰ですか。立場ってどういう意味かわかりません」
担任「……」

　学校はカウンセラーとも相談の上、国立次郎の専門医での受診を保護者に勧め、その結果から今後のサポート体制を決めることとした。


保護者会で配布した説明文書（ポジションペーパー）

---

保護者各位

2023年7月14日

○○市立第一中学校

校長　吉祥寺花江


### 校内で発見された不審な脅迫文への対応結果について

　7月6日、校内で不審な脅迫文が発見されました。人に危害を加えることが書かれた内容です。このような行為は断じて許されません。学校管理下で発生したことに対して強く責任を感じます。被害に遭われた生徒、ならびにご家族の皆さまには、心からお詫び申し上げます。この脅迫文が手書きでつたない表現であったことから、学校としては、様々なことを考慮し、慎重に対応してきました。当該生徒は判明し、被害を受けた生徒に直接謝罪しました。本件に関する学校側の対応について一斉メールで報告はしておりますが、これまでの対応をまとめてご報告いたします。全校生徒、ならびに保護者の皆さまにご心配、ご負担をおかけしましたことを深くお詫びいたします。


〈**本件の概要**〉

　7月6日、当校教室にて「不審な脅迫文」が発見されました。その数日前に金銭を盗難したこと、体操服を隠したこと、クラスメイトの水筒へ異物を混入したことが記載されていました。学校としては、生徒の安全に関わる重大事態と認識し、事実確認と対応を開始しました。校長講話を実施し、「人に危害を加える行為も予告も絶対許されない」と全校生徒に話し、一定期間を設けて生徒自らが名乗り出ることを第

---

一目標としました。同時に防犯カメラと筆跡鑑定も進めてきました。その結果、生徒が特定され、7月13日、当該生徒は被害生徒に謝罪しました。

〈7月6日から13日までの主な対応〉
・校内の有害物質の保管状況を確認
・関係する生徒への面談をカウンセラーに相談しながら実施
・警察に相談し、筆跡鑑定を進めることを決定
・校長からの講話を7月7日に実施（期限は7月10日15時）

〈最後に〉
不審な文書が発見されてから、学校は危機感をもって全力で事態の収拾にあたりましたが、前例のない出来事であったことからその対応には大変苦慮しました。学校では日々様々なことが起こりますが、生徒達は悩みながらも問題を乗り越えていけると信じています。学校は、善悪の判断ができるよう責任をもって教育していきます。

保護者の皆さまには、ご家庭での教育には責任をお持ちいただき、ぜひ学校と連携してください。お子様のことで少しでもご心配なことがありましたら、いつでも学校にご相談ください。

学校では、教職員全員が生徒一人ひとりの様子に心を配り、その声に真摯に耳を傾けて参ります。本件では保護者の皆様からは様々なご指摘をいただき、大変心強く感じました。PTAの方々にはパトロールにもご協力いただき感謝しております。これからも保護者の皆さまと共に生徒達の成長を支えて参ります。

【本文書取り扱いについてのお願い事項】
本校の防犯体制について記載してあります。生徒の安全確保のため、本文書がそのままインターネット上に流出しないように慎重な管理を

お願いいたします。また、本件について外部から質問や問い合わせが
あった場合には、学校にお知らせください。学校が責任をもって対応
いたします。

## リスクマネジメントの観点から

　このような脅迫やテロといった外からの攻撃を事前に予防するのは
一見難しそうに見えます。カメラの設置台数を増やしたり、廊下や教
室内に設置台数したりといった環境整備が抑止力になるといった考え
方もあるとは思います。しかし、より深い部分まで考察しないと問題
解決には至りません。ヒントを探りましょう。

　国立次郎の発言「勉強に全然ついていけなかった。学校がつまらな
い。事件でも起こしてやればすべてが止まるかなって」や、「脅迫文
の文字の大きさが大小まちまちで小学生のいたずら書きのようにも見
えた」といったことから、学習の遅れ、あるいはもしかすると書くの
が極端に苦手な学習障害かもしれないと推測できます。

　「毒物飲んで死んだって、また生き返りますよね」の発言は、現実
とゲームが交差してしまっている状態、「立場ってわからない」発言
からコミュニケーションがうまくとれない、相手の気持ちが想像でき
ないことがわかります。つまり、国立次郎は、普通に会話はできるも
のの、特別な支援が必要ではないか、と予測ができます。この状態に
適した学習支援や環境が用意できていれば防げた可能性があります。
個別対応だけではなく、リスクの芽を発見するための組織的な対応と
しては、臨床心理士など専門家による見回りや全員面談といった対策
も考えられます。プロは顔の表情や態度、姿勢、目線から気づけるか
らです。

　企業においても、社員がある特定の作業がどうしてもできない場
合、専門家の診断を受け、能力や特質に合わせた作業分担にすれば解
決への糸口になることがあります。根本原因にアプローチしないと、

何度も社員は失敗を繰り返し、その度に上司が叱責し、パワハラになってしまうこともあります。筆者の仕事仲間の中に、部下に対して「いつまでも仕事を覚えない、同じ失敗を繰り返す、創意工夫ができない」と怒っている人がいました。傍から見ているとパワハラに見えてしまい、こちらも見ていて苦しくなるので、専門医の診断を勧めたところ、軽度ではありますが学習障害でした。努力で乗り越えられないのだと上司は納得し、部下の仕事を変更することになりました。

　補足しておくと、才能豊かな人でも学習障害はしばしば見られます。学習障害とは、全般的な知的発達に遅れはないものの、書く、読む、話す、聞く、計算のいずれかが著しくできない状態にあること。代表的なものに、単語や文字が記憶できない読字障害（ディスレクシア）、文字や数字のバランスが悪く似た文字が書けない書字障害（ディスグラフィア）、計算や推論が極端に難しい算数障害（ディスカリキュリア）があります。機能障害なので本人の努力では改善ができません。筆者の友人の中に、大人になって自分の学習障害に気づき、学習障害を支援するNPOで活躍している人もいます。学習障害の著名人にハリウッド俳優のトム・クルーズがいます。彼の場合は読字障害でしたので、教科書の文字が読めない、黒板の板書ができない状態でした。俳優としては台本が読めないのは致命的に思われますが、周囲の人の音読でセリフを覚えたという話はとても有名です。

　本人と周囲が自覚できれば、対策が打てて乗り越えていけますし、大成功を収める可能性もあるのです。何かが著しくできないというのは、反対に何かが著しくできるという見方もできます。弱みを強みに変える発想は、リスクをチャンスに変換させる発想に通じます。リスクを見ないのではなく、リスクに向き合って適切に対処する、がリスクマネジメントの本質なのです。親も経営者も根本原因に向き合えれば、子どもも社員も限りなく成長していくのではないでしょうか。

## 危機管理の視点から

　脅迫文の発見の際に、生徒や保護者に向けて校長が「無差別に人に危害を加える行為は断じて許さない」と強い姿勢を示したのはダメージを最小限にする効果があります。警察と連携して、筆跡鑑定というプロの手配をしたことも事件の早期解決に役立ちました。自首を待ち続けるだけの対応では長引いてしまい、ダメージを深めてしまうからです。

　組織が脅迫された場合は、被害者になるので、第1章で説明した分類からすると半予防系になります。従って、起きてしまった際には強い態度にするのが鉄則です。攻撃を受けた時にどうしたらいいかわからなくなってしまいがちです。弱々しい態度を示さない、断じて許さない、といったメッセージを出すのが世界共通ルールと思った方がいいでしょう。テロ報道を思い浮かべてください。どの国のリーダーも「我々はテロには屈しない」とメッセージを出しています。敵に隙を見せない、甘く見られないようにするためです。ダメージコントロールとして敵をけん制するメッセージを出すのは鉄則なのです。

　企業経営においても、形は多少異なりますが、このような攻撃はしばしば発生しています。「バイトテロ」「寿司テロ」「外食テロ」です。「バイトテロ」は、アルバイト店員が悪ふざけで、店内で食品に対して不衛生な行為をした上、それをSNSに投稿して炎上させる行為。「寿司テロ」は回転ずしのお寿司を触るといった不衛生な行為をした上にそれをSNS上に投稿して炎上させる行為。いずれもお店の評判や売上を減少させて企業にダメージを与える行為であることから「テロ」と呼ばれています。ローソンは、アルバイト店員がアイス冷蔵庫に入った事件では、翌日には「あってはならない行為」とし、事件のあった店舗とのフランチャイズ契約を即刻解約。くら寿司は、醤油さしを直接口に入れた顧客3名を警察に通報したため、3名は威力業務妨害容疑で逮捕されました。いずれも迅速な対応、強いメッセー

ジ、警察との連携がダメージを最小限にしています。

　共通する点は、10代の若者による行為だということです。「若いんだから許してあげて」「そこまで厳しい処分をしなくても」といった声もありますが、果たして簡単に許してよいのでしょうか。未成年者であればこそ、将来同じ行為を繰り返さないためにも、「許されない行為」であること、警察に逮捕される事件なのだと認識させる必要があります。

　ここで、中途半端な姿勢で対応すると相手に甘く見られ、再度攻撃を受けるリスクを抱え込むことになります。善悪については中立ではなく、立場を明確にし、悪は許さないといったメッセージこそが個人や組織の信頼・評判を高めるのです。


ケーススタディ8
## ■ カラ出張

　2020年4月20日、某県で巡査部長を務める中野太郎は上司の高円寺一郎から呼び出された。


高円寺「中野くんは荻窪くんと一緒に出張することになっているが、君は行かなくていいから。ただ、書類上は行ったことにして申請して出張費は受け取るように」
中野「え？　おっしゃっていることがよくわかりませんが」
高円寺「よくわからなくていいんだ。言われたとおりにしていれば」
中野「いや、よくわからないことはしたくないです。何のためですか。お金はどこに行くんですか」
高円寺「君の口座に決まってるだろ。誰も取りはしないさ。自分で使えばいい。捜査で申請できないお金の使い方ってもんがあるだろ。給料だけで情報収集はできないだろ。市民の安全のためにも情報収集で使ってくれ。自分のためじゃない、市民のために使うんだ」

中野「いや、それって、まずくないですか」
高円寺「皆やっていることだし、君だけがしないわけにはいかないんだよ」
中野「……」

　以後、中野太郎は5回のカラ出張申請をして、合計53万円が口座に振り込まれた。中野太郎はカラ出張で書類を偽造するたびにメンタルが不調になり、具合が悪くなっていった。

　中野太郎は2021年4月20日に妻の花に相談した。
太郎「花、実は相談がある」
花「私もあなたの様子が気になっていたのよ。最近、顔色悪いなって。仕事？」
太郎「実は上司からカラ出張を命じられて、それが何度もあって」
花「もしかして裏金づくり？　以前問題になっていたわよね。部下にせっせと書類作らせてプール資金作って幹部が自由に使っていたっていう。今もあるの？」
太郎「幹部のプール資金じゃないんだ。自分の口座に振り込まれる。こっちは必要もないお金が振り込まれてしまうから迷惑な話だ」
花「一体どういうこと？」
太郎「最初は意味不明で混乱したよ。たぶん、皆やっていて、共犯者に仕立てあげられているんだ。お前も共犯なんだから黙っていろ、ということなんだ」
花「それは、ひどい、悪質すぎる」
太郎「こんなの犯罪だよ。国民の税金だし。普通の企業だって許されることじゃない。警察官の仕事に誇りを持って働いてきたのに」
花「内部通報したらどう？」
太郎「皆がやっていたらつぶされるだけだ。でもとにかく一度はやってみないと。友人には辞めてから通報しろって言われた。どう思う？

現職中に通報したら、自主退職できず懲戒免職になってしまうだろうって。そうなると退職金がなくなってしまう。だから花にも相談しないといけないと思って」

花「それは痛手ね。上司に無理強いされたのに、納得できないわ」

太郎「かといって退職金受け取って逃げるっていうのも……」

花「あなたらしいわね。あなたの判断に任せる。私も働いているし、何とかなる。支えるから。あなたには誇りをもって仕事をし続けてほしい。メンタルやられて病気になるより、自分が納得する生き方を選んで」

太郎「まずは弁護士に相談しながら、今後の進め方を決めようと思う」


　2021年5月10日、中野太郎は内部通報を行った。しかし、連絡が来ないまま半年が過ぎた。「これは組織ぐるみの犯罪だ」と確信。通報した自分もただでは済まないと危険を感じた。そして、2021年9月30日に退職。知人のジャーナリストにも告発した。ネットでニュースが出始めると、某県警の内部調査を進めている新任の監察官荻窪は、取材陣に取り囲まれた。


記者A「中野太郎の代理人弁護士によると、内部通報したのに半年間放置していたそうですね。なぜですか」

記者B「組織的な裏金作りではないですか。組織公認だったから動かなかったのでは？」

記者C「通報があったのに放置ですか。放置そのものが法律違反では？」

記者D「犯罪を取り締まる組織なのに、犯罪をしている、部下に強要する、共犯させる。警察官として恥ずかしくないですか」

記者E「調査は全員に対して行うのですか。どのような形で行うのですか、アンケートですか。結果はいつ出ますか」

荻窪監察官は立ち止まり「県民の皆様にはご心配をおかけしており、申し訳ございません。全力で調査に当たっています。調査期間の目途は立っていませんが、まずは3か月程度を目指しています。今しばらくお待ちください」

## リスクマネジメントの観点から

　このケースでの問題は、上司の指示であったこと、組織的に不正をしている点です。一部署だけの不正であれば、内部通報は機能するはずです。内部通報しても動きがなかったということは上司だけではなく、まさに人事や監察官、幹部までこの悪しき慣習に染まっていることを意味します。

　組織全体の違法行為となると自浄作用は働かないので、マネジメントとしてどうにかできるわけではなく、外からの圧力で変えるしかありません。中野太郎が起こしたアクションしかないでしょう。自分が犯罪の片棒を担げないなら、そこから脱する、そして外圧のためにマスコミに内部告発する。報道によって改革を促すといった流れを作り出します。ここに報道機関によるチェック機能という役割があります。

　2004年に北海道で発覚した警察の裏金作りも同じ経緯をたどりました。警視長まで上り詰めた原田宏二氏でさえ、「現職幹部の時に改革できなかった」と実名告発の際に語っています。

　このケースは、個人のリスクマネジメントの観点からも考察できます。中野太郎はこのままでは自分が壊れてしまうといったリスクを予測し、行動に移します。

　なお、中野太郎が通報によって退職金がもらえなくなるのではないか、と心配しています。しかし、公益通報者保護法では、違法行為を通報したことを理由にした不利益（降格、減給、退職金の不支給）といった扱いを禁止しています。公益通報者保護法は、不正の告発をし

た通報者を保護する法律で保護される対象者は、正社員だけではなく、派遣社員、役員、退職者（１年以内）が含まれます。情報提供を条件に不起訴にしてもらえる司法取引という制度もあります。トップ主導の違法行為を告発したい場合に使えます。カルロスゴーン事件では、専務と秘書がこの制度を利用しています。

## 危機管理の観点から

　荻窪監察官のマスコミ対応は及第点です。逃げずに立ち止まって回答していること、最初にお詫びして、全力で調査するといった意気込みを見せていること、調査期間が不明でも３か月といった数字を入れて目標設定しているのでダメージコントロールになっています。

　記者の矢継ぎ早の質問においては、組織が把握してから放置したことが批判の対象となります。この時点ではまだ説明はできませんから、荻窪監察官のコメント程度にしておくしかないでしょう。

　このように調査開始の際、全く先が見通せない場合であっても調査期間の目標を示せば向き合う姿勢を見せられます。これがいつまで行うのか全くわからなければ、不安や心配は増すばかりです。信頼回復の第一歩は、逃げずに起きた事実に向き合っていく姿勢を見せる、これに尽きます。

ケーススタディ9
## ■ 学生が逮捕された

　大井町大学の野球部は、1950年に創部された歴史ある部で80名の部員で構成されている。学生寮があり基本的に寮暮らしが推奨されている。2022年８月１日、大森コーチに部員鶴見三郎の保護者から「寮に入っている息子の話を聞いていると、どうやら部員の誰かが薬物をやっているのではないかと思う。自分の息子が誘われたり、影響を受

けたり、巻き込まれるのは困るので調査をしてほしい」と電話があっ
た。

## 8月2日　朝8時

　大森コーチは、「大麻・覚せい剤について通報があった。身に覚え
のある人は自から名乗り出てほしい。期限は3日間」と寮内の学生に
アナウンスを出した。しかし、期間内に申し出はなかった。その後、
持ち物検査をしたが何も出なかった。大森コーチは大学のカウンセ
ラーと相談し、個人面談を順番に行うこととした。

## 8月20日　カウンセラー室

蒲田一郎「実は、5月の連休に友達に誘われて吸ってしまいました。
緊張が和らぐからと言われて吸ってみたんです。後で大麻だってわか
りました」

カウンセラー「どこで吸ってしまったの？」

蒲田一郎「大使館の中にある施設。だから、違法じゃないですよね。
あそこは治外法権だし。それに誘ってきたのは国会議員の息子横浜次
郎だったから、すっかり気を許してしまって。日本だって昔は合法
だった。戦時には恐怖をなくすために使われていた。戦争高揚剤とも
言われてたとかって話で盛り上がってしまって」

カウンセラー「一郎君には何か怖いものがあるのかしら？」

蒲田一郎「……僕を引きずり降ろそうとする力かな。今回の件って、
僕がめきめき腕を上げているからじゃないですか。競争が激しいか
ら。でも、とにかく大使館の施設内だから違法じゃないですよね」

　大森コーチはカウンセラーから報告を聞き、大学の内部監査室に相
談をした。大使館内であること、著名な国会議員の息子も関係してい
ることから処分はしないこととした。今後の予防のため、9月10日、
警察関係者を招き、薬物の危険に関する講習会を学生寮で実施した。

しかし、電話で通報のあった保護者には、その後の調査結果について報告をしないまま数か月が過ぎた。

## 12月6日

　警視庁から大井町大学の内部監査室に、「12月1日、大井町学生寮で薬物使用されているのではないかといった通報があったので学生寮を捜査する」と伝えられた。内部監査室長は、先に大学で調査させてもらえないか、と申し出たが、警視庁は、「大麻捜査は難しいため大学に任せられない、大学が動き出したら証拠隠滅される」と言ってきた。内部監査室長は大学の総務部にいる警察OBの大学職員に頼み込み、再度警察に交渉。大麻所持があった場合、学生に自首させることを条件に大学で学生寮を調査することに同意してもらった。21時に、内部監査室長が学生寮にいた野球部員の持ち物検査を行った結果、蒲田一郎の部屋で大麻らしき葉っぱを発見した。

内部監査室長「これは君のか？」
蒲田一郎「これは僕のではありません」
内部監査室長「ええ？　どういうことだ？」
蒲田一郎「何でこんなものが僕の部屋にあるのかわかりません」
内部監査室長「これは大麻だよ。においでわかる。素直に認めて、警察に自首しなさい」
蒲田一郎「自首できません。僕の所有物ではありませんから！　確かに5月の連休に大使館で大麻は吸いましたが、それ以降は吸っていません。そのことは8月にコーチやカウンセラーに話をしました。でも大使館で治外法権ですからそこでは違法ではありませんよね。ですから処分も受けていません。その時だって、後から大麻だとわかったくらいですから、僕は大麻を吸いたくて吸ったわけではなく、その場の雰囲気を壊さないようにつきあっただけです！　吸った後に大麻だと言われました。僕は別に大麻なんて興味ありませんから！」

内部監査室長「これは自分のじゃないと言い張るのか。じゃあ、誰のだ？」

蒲田一郎「知りませんよ。誰でもこの部屋には入れますから。鍵はありますが、いつも鍵をしているわけでもないですから、入ろうと思えば入れますよ。仲間の部員と部屋で話すこともあります。誰かが忘れていったか、僕を貶める目的で意図的に置いていったか」

内部監査室長「認めないのか？」

蒲田一郎「薬物検査してください！　尿検査ですよね。絶対出ませんから！」

内部監査室長「2週間以上前ならもう尿検査でも出ないだろう」

蒲田一郎「信じてくれないんですか。そもそもこんな場所に置きますか。普通ならわからないような場所に隠しますよ！」

　蒲田一郎の尿検査の結果は陰性だった。内部監査室長は、他の部員の所持品検査を引き続き行った。本人立ち合いで行うため、80名の検査は思っていた以上に時間がかかり、12月21日を迎えた。内部監査室長は、理事長と学長から呼び出され、学長から「野球部の学生寮で大麻所持疑惑がある」と告発する手紙を見せられた。内部監査室長は、現在行っている調査内容を説明し、まだ調査が終了していないこと、警察には相談しながら進めていると報告を行った。

　12月22日、内部監査室長は蒲田一郎の部屋で押収した葉っぱを警察に届けた。所持者の蒲田一郎は否定しているため、自首させられない状態であること、他にも全員の調査は終わっていないと報告した。12月26日、警察による学生寮への家宅捜索が始まり、蒲田一郎は逮捕された。1月10日、警察による家宅捜索が再び行われ、3名が逮捕された。1月20日、大井町大学はコメントを発表した。

HP に掲載された学長コメント文

　本学野球部の部員4名が大麻取締役法違反容疑で逮捕されました。大変残念で心を痛めております。本学の学生寮内での大麻発見であり、施設管理者としても重く受け止め、責任を感じています。本学の学生、保護者、卒業生、関係者の方々にはご心配をおかけし、誠に申し訳ございません。

　大学として今回の件を把握したのは、12月6日で、警察の方からでした。警察と相談しつつ、学生寮での調査を進めてきました。学生自身が自首する形にしたいと考え、大学が主体的に調査を進めてきました。しかし、大学での調査には限界があり、今回の家宅捜索と逮捕に至りました。現在も捜査は続いており、今後も大学としては警察の捜査に協力していく所存です。

　この数年、若者を中心に大麻による検挙者が急増していることに危機感を感じています。その意味では、今回逮捕された学生だけではなく、あらゆる学生、若者たちが大麻のリスクにさらされていると危惧しています。インターネットでは、「大麻は依存性がない」「海外では合法とされている」「他の薬物より安全」といった情報がありますが、大麻は有害です。記憶、学習、知覚を変化させます。やる気がなくなったり、人格が変わってしまったり、生殖器官にも異常をもたらすことがあると厚労省でも注意喚起されています。我々大学としては、正しい知識を学生に身につけさせ、自分の人生を守っていく力もつけさせたいと思っています。また、学生寮内で発見されたことから、学生寮利用規則を見直し、禁止行為や危険性のアナウンス、目撃者や勧誘を受けた際の通報ルールを明確にしていきます

　　　　　　　　　　　　　　　大井町大学　学長　川崎二郎

## リスクマネジメントの観点から

　大学における学生は、教職員と異なり、学生から学費をもらっているという点では顧客の位置づけになります。かといって一般企業における取引先や一般消費者といった関係とも異なり、学費をもらって大学は教育する立場です。では、学生個人の犯罪に対して大学はどう向き合えばいいのでしょうか。

　大麻に関する抜本的対策については、国として行うべき問題です。大学は学生個人の犯罪行為に対して法的責任は負わないものの、大学のイメージを守るといった観点からの予防努力は必要です。「個人の責任ですからコメントしません」では、大学イメージが悪化するのは容易に想像できます。特に犯罪行為が大学内であった場合には、イメージ棄損は明らかです。学生が生活する寮で複数名が大麻を使用していたとなればなおさらです。

　その意味では、学長が発表したコメント「我々大学としては、正しい知識を学生に身につけさせ、自分の人生を守っていく力もつけさせたいと思っています。また、学生寮内で発見されたことから、学生寮利用規則を見直し、禁止行為や危険性のアナウンス、目撃者や勧誘を受けた際の通報ルールを明確にしていく方針です」は、再発予防策として適切といえます。学生寮であれば、おそらく危険物を持ち込まない、といった規則はあると思いますが、具体的に記載する、持ち込んだ場合は退学といった強い文言も抑止力になるでしょう。

　さらに加えるならば、大麻の危険性だけではなく、皆がやっているから、雰囲気を壊したくないから、といった安易な判断をしないためにも、同調圧力やグループ・シンク（集団浅慮）の知識提供も有効ではないでしょうか。同調圧力とは、少数意見の人が、多数意見を持つ人に合わせるよう暗黙の強制をすることです。グループ・シンクは合意に至ろうとするプレッシャーから、多様な視点からの評価が欠如してしまう状態のことです。集団の中にいると、雰囲気を壊さないよう

にしたいといった気持ちが本当の心情を歪ませてしまうことが起こりうる、このような知識を得れば、「自分の意見が言えない雰囲気は同調圧力だ。こんな圧力に屈していいのだろうか」「皆が同じ意見なのはグループ・シンクだ。多様な視点を持たないと見落としが発生するぞ」と一歩引いて考察する、状況を客観的に見る力につながり、判断の失敗を回避することにつながるのではないでしょうか。

## 危機管理の観点から

　8月の初動で失敗しているのは、蒲田一郎の証言で調査を打ち切り、わかったつもりになってしまった点です。通報者である保護者へも報告していません。保護者軽視の態度です。本気で大麻使用者を調べようとしていない、大ごとにしたくないといった正常性バイアスが働いたのかもしれません。正常性バイアスとは、自分にとって都合の悪い情報を無視したり過小評価したりする特性のことです。調査はある程度したし、蒲田一郎の言い分もわかった、もう大丈夫、と思いこんでしまった、通報者（保護者）にも報告しなかった、という初動の失敗が、事態を悪化させてしまい、12月の保護者から警察への通報、家宅捜索、逮捕へとダメージが拡大していきました。

　12月の失敗は、内部監査室長が学長と理事長に初期段階で一報していなかった点です。警察に通報があったのですから、もたもたしていれば再度通報されるだろうと予測しなければなりません。通報者は12月1日警察への通報後、20日後の12月21日に大学の学長に手紙を出していることから、公益通報者保護法に詳しい人である可能性もあります。20日間待ったものの報道発表がないことから、警察が動いていないと感じたのでしょう。公益通報者保護法は、20日以内に通報者への報告がなされない場合、外部に通報された内容は保護されます。大学の調査が遅々として進まない、手ぬるい調査だと感じた部員の保護者が通報したと予測できます。これでも動かなければマスコミに告発す

るつもりだったと思われます。

　内部監査室長は、警察とやりとりしていることをなぜ学長に報告しなかったのでしょうか。調査を優先し、学長への報告を失念したのでしょうか。調査が終了するまで外部に発表しない方針ならわかりますが、学生寮で大麻使用の疑惑、警察が動いているとなれば、学長への一報は必須です。

　調査を始めて1、2日経てば、80名の部員調査は、時間がかかりそう、競争相手を貶めるケースにはどう対応するか、本当のことを言っているのか嘘なのかを見極めるのは容易ではない、と次のリスクを予想できるはず。この段階で早めに頭を切り替えて、警察に介入してもらう判断をすべきだったのではないでしょうか。


## ケーススタディ10
## ■ 不祥事を報道された後の再出発

　恵比寿ABCスポーツ株式会社は、社員300名のスポーツ器具販売会社。販売プロモーションも積極展開し急成長中である。目黒太郎社長は、社内でバスケットチームを発足させ、さらに知名度を上げる戦略を考えた。そこで、大学時代のバスケット部後輩である五反田一郎を社内バスケットチームの顧問として採用することにした。ところが、五反田一郎は、3年前に指導していた高校で体罰をしたことが地元の新聞で報道されていた。バスケットの名門高校で、早稲田大学や慶応大学には五反田一郎の推薦枠があった。保護者も五反田一郎を全面的に信頼し、体罰問題が報道された時も寛大な処分を求める嘆願署名活動を行い3万人の署名を集めるほどであった。五反田一郎は、恵比寿ABCスポーツ社だけではなく、大学からの指導のオファーがあった。目黒社長は、社内バスケットチーム指導だけであれば、社内広報部で対応が可能だと考えたが、五反田一郎が大学でも指導をするとなると、彼自身が取材陣に囲まれる場面が増えると予測した。どのよう

に、五反田一郎の再出発を支えていけばいいかを話し合った。

## 2021年10月8日

目黒社長「一郎、2018年の体罰報道だが、東京では報道されていない
けれど、地元新聞では報道されているし、再出発にあたっては過去を
調べられて必ずどこかのタイミングで回答を迫られると思う」

五反田一郎「目黒先輩、それはわかっています。僕としては逃げも隠
れもしません。当時のことは反省しています。どこでずれてしまった
のか、ずっと考えています。あの時は体罰だとは思っていませんでし
た。カツを入れる、って普通だと。僕らの時代は普通にやっていまし
たよね。学生もハッとして生き返るっていうか。練習に耐えられな
い、逃げたい、辞めたいと訴える生徒がいますが、ああそうかってわ
けにはいかない。大声出したり、ビシッと体の一部を叩いて目を覚ま
させて励ましたりすることに、当時は悪いことしているといった罪悪
感は全くありませんでした」

目黒社長「座禅すると肩を叩かれて、お互いに感謝する。あれと一緒
だよな」

五反田一郎「卒業生が感謝の言葉をくれるので、それもあって、僕の
指導は間違っていなかった、生徒達の成長に貢献したんだと誇らしく
思ったものです。でも、今考えると、全員が感謝していたわけじゃな
い。そうじゃない生徒もいたのだと思います。親ともよく連絡を取っ
ていたので、学校と家庭でしっかり支えれば大丈夫だと思ってしまっ
た。生徒の気持ちを置き去りにしてしまったのかもしれない」

目黒社長「会社のクラブチームは会社の広報担当者が窓口になって対
応できるけれど、大学となると大学の広報部はいちいち対応なんてし
ないだろうし」

五反田一郎「会社のクラブチームであれ、大学であれ、スポーツ記者
は練習中に取材に来ますから、現場に来たら私が対応しなければなり
ません。言葉だけだと切り取られそうですよね。何かいい対策はない

でしょうか」

**目黒社長**「会社に問い合わせが来た時にも、本人がどう思っているのか、コメントが欲しいと言われるだろうから、何かまとめておいた方がいいかもしれない」

　目黒社長は、マスコミ対応に詳しい危機管理コンサルタントに相談をした結果、今の指導方針についてまとめた見解書を用意することにした。記者の殺到が予想されるのであれば、囲み取材を受けた時に渡す。あるいは、ばらばらと時間差で取材に来るようであれば、記者全てに毎回渡してもいい、といった使い方のアドバイスを受けた。作成した見解書は、会社に問い合わせがあった際にも本人のコメントとして広報部から渡す方針とした。

---

報道関係者各位

2021年10月20日

五反田一郎

### 過去の報道と現在の指導方針について

　2018年9月、大崎県立工業高校のバスケット部において体罰を行ったとして8か月の懲戒処分を受け、その後退職しました。既に報道もされており、皆さまご存じのことと思います。今でも当時の行き過ぎた指導を深く反省しています。指導者としての活動を開始するにあたり、当時何を間違ってしまったのか、その後の3年間何をしてきたのか、今はどのような方針になっているのかをご説明します。

　私が当時の指導方針で一番大事にしていたことは、練習がつらい、と言ってきた生徒たちに「達成感、やり切った感」を持たせることでした。その結果、県大会では3回優勝し、多くの卒業生たちが、異口

---

同音に言ってくれた言葉は、「あの時引き留めてくれたお陰で、生きる力が付きました」「先生のあの時の指導のお陰でチャレンジする力が付きました」。この成功体験が私の中に根付いていました。保護者の方々とも頻繁に連絡を取り合い、理解や協力を得られている、と思っていました。

　思い返すと自分の過去の成功体験にとらわれてしまい、目の前にいる生徒の奥深くにある本当の気持ちを置き去りにしてしまったのだと感じます。時代によって感じ方は変わるということ、自分の経験や感情だけに頼らず、指導ももっと科学的にしていく形に変えていかなければならない、と考え、科学的な指導方法や人材開発手法をこの3年間で学んできました。

　今では、自主自立を促す指導に変わっています。外からの力ではなく、内からこみ上げてくる内発的な力を育てるのが現在の指導方針です。自主自立を促し、互いに切磋琢磨し、意見し合う、そんなチーム作りを目指しています。個人における小さな成功体験、チームでの小さな成功体験を積み重ねて成長させていく方針です。私ではなく、本人が描いた目標や成果を明確にし、自らつかんだ喜びを共に喜び、達成感を一緒に味わう。その思いを仲間にも浸透させていく、そのような形をめざしています。

　一連の体罰報道や反省点も包み隠さず話をし、今の方針を語り、同意を得ながら進めています。また、私自身もコーチングを月1回受け、自らの指導について振り返ったり、自らのコーチング力を磨いたりする訓練をしています。

　二度と体罰は行いません。指導者として再出発する私をぜひ見守ってください。

## リスクマネジメントの観点から

　このケースは体罰を起こした時ではなく、再出発する際のリスクマネジメントとして見解書（ポジションペーパー）を作成した貴重な一

例になります。個人が再出発する際には、自分で説明責任を果たしつ
つ、自分への信頼と評判を再構築していかなければなりません。会社
としても過去処分された経歴を持つ人を採用する場合、会社としての
説明も大切ですが、まずは本人がどう思っているのか、そこを聞かれ
ると予測し、その時点での本人の気持ち、決意をまとめた文書を用意
し、いつでも配布できるようにしておきます。たとえ使うことがな
かったとしても備えておけば、質問を受けた際に慌てず対応できま
す。

　3年前に報道された体罰事件についてのリスクマネジメント上の着
目点は「成功体験バイアス」になります。第1章で説明したように、
リスクマネジメントはバイアスとの闘いともいえます。バイアスとは
「偏り」という意味で自分の経験・感情・知識で物事を決めつけてし
まうフィルターみたいなものです。「自分の時代は」「自分の経験で
は」「こうやって成功してきたんだ」といった思い込み。一言で言え
ば先入観。第1章では代表的な「認知バイアス」を説明しました。

　この場合、親世代は、体罰を受けたり見たりして、社会で許容され
てきた世代です。体罰が根性を鍛えて、耐える力を養い、成長や勝利
を導くと信じ込んでいるのです。五反田一郎擁護の署名運動が起きた
ことからもそれが推察できます。目黒社長との振り返りの会話にもあ
る通り、このケースでは、監督についていけば有名大学に入れると
いった期待が、親にもあり、子どもの気持ちが置き去りにされてしま
いました。

　このバイアスを克服するには、今の若者の感性に立って考える、実
演してみるといった訓練が必要です。2024年に話題になったテレビド
ラマ「不適切にもほどがある」の主人公小川市郎（昭和10年生まれの
典型的な昭和おじさんという設定）は、1986年から2024年にタイムス
リップして不適切発言を連発してひんしゅくを買いますが、それでも
徐々に現代を学んで自己調整しています。ドラマそのものは「本当に
大切なことは何だろうか」といった令和時代への問題提起ではありま

すが。

　時代が変わればルールやマナー、感性が変わるのは致し方ないことですから、ここは諦めが肝心です。いつまでも自分の成功体験にしがみついていると生きていけません。とはいえ、変わらず大切にしたいのは相手目線に立つこと。ルールだから、マナーだから、ではなく、相手を傷つけたら素直に謝れる人でありたいと思います。

　若者目線が欠けていた、と繰り返し謝罪した株式会社リクルートキャリアの社長会見は参考になります。よい会見は印象に残らないため、殆ど報道されないので覚えていないかもしれません。発覚したのは2019年。リクナビ登録学生が内定を受けた企業を辞退する確率を企業側に情報提供していた点が批判されました。運営会社である株式会社リクルートキャリアの社長は、記者会見で「自分が学生の立場だったらこれはないな、と思います。本当に学生目線に欠けていた」と反省するコメントを繰り返していました。批判されて、はっと気づいて改めていく、これを繰り返しながら社会は発展していくものだと考えれば、やみくもに批判を恐れる必要はありません。**批判は成長、改善のエンジン**といった発想の転換ができれば、展望が開けてくると思います。

## 危機管理の観点から

　五反田一郎の見解書は、ありうる質問を想定して先回りした形で構成しています。追いかける記者として知りたいのは、過去の体罰についてどう考えているのか、この３年間で何か変わったのか、今後の指導はどのような形になるのか。それに合わせる形で、過去の原因分析・反省、３年間学び今は違う指導方法であること、自分もコーチングを受けていること、この３本柱で構成しています。なお、過去の報道については調べればわかることですから、危機発生時のような時系列の説明はありません。この点が危機時のポジションペーパーと大き

く異なります。

　ここで「カウンセリング」ではなく「コーチング」にした理由は狙いがあります。「カウンセリング」だとまだ五反田一郎に迷いがあり、メンタルの部分でまだサポートを必要としている人なのだといった印象を与えてしまうリスクがあるからです。このように1つ1つの言葉がどのような印象を相手に与えるかを想像しながら作成していきます。

　コーチングとカウンセリングの違いを明確にしておきましょう。カウンセリングはカウンセラーが聞き役になる一方、コーチングの場合は、コーチが質問をして相手の力を引き出します。優れたコーチはいい質問をするからです。第2章の「閉じられた質問」「開かれた質問」でも解説した通りです。

　また、指導者が指導者の立場だけを経験していると指導される立場の気持ちを忘れてしまうため、五反田一郎がコーチングを受けているということは、指導される立場の気持ちを理解するための努力姿勢を印象づけます。相手目線に立ち続ける表明は、バイアスの排除にも有効で、二度と起こさない決意に説得力を持たせるでしょう。このように再出発の場合、謝罪一辺倒ではなく、新しい自分の姿を明確に打ち出します。

　この文書を使う機会がなくても、反省、変化、新しい自分の方針を文章化すれば、自分自身にも力がみなぎってくるのではないでしょうか。

　失敗や危機はできれば回避したいのですが、起きてしまったら、起きたことに向き合い反省して新たな出発をする、これに尽きます。どんな失敗をしても諦めずにやり直し続ける、そんな人生であり続けたいものです。

## 本や映画から学ぶリスクマネジメント　30選

### ●本（解説）

「キーエンス解剖　最強企業のメカニズム」西岡杏　日経BP　2022年

高収益、年収の高さで知られているキーエンスの強さについて解説された本。営業で日々行われている上司部下の顧客対応ロールプレイといった実践的教育や、情報の囲い込みは「ダサい」といった文化の定着、内部監査が予告なしで突然やってくることが書かれている。リスクマネジメントが価値創出や企業の成長につながる実例として参考になる。

「危機対応のエフィカシー・マネジメント」高田朝子　慶應義塾大学出版会　2003年

危機に陥った場合、必要とされるのは「トップダウン型のリーダーシップ」か、「ボトムアップ型のリーダーシップ」か、皆さんはどちらだと考えるだろうか。危機においては、むしろボトムアップ型の組織によるリーダーシップが必要だ。危機における組織マネジメントを考える1冊。

「危急存亡時のリーダーシップ　『生死の境』にある組織をどう導くか」トーマス・コールディッツ　生産性出版　2009年

生死にかかわる多様な場面でのリーダーシップ（FBIのSWATチーム、イラクでの米軍機甲部隊指揮官、山岳登山ガイド等々）。危機に挑む企業、危急に瀕する組織にとって必要なことや緊急行動パターン

など、ビジネス組織への応用・示唆にも富む内容。

「危険不可視社会」畑村洋太郎　講談社　2010年
危険を不可視化させてしまう社会は、危険の存在すら不在化させてしまうため、突然の事故に遭遇したときの対処能力が無くなってしまう。「絶対安全社会」は無く、社会の中にいかに「危険」を取り込むかで危険対処能力を養うことが必要だとする考え方を学べる。

「栗山ノート」栗山英樹　光文社　2019年
2023年WBCで日本チームを優勝させた栗山監督がつけているノートをもとにした初の本。「ノートに自分の思いを書く行為は周りの人たちとどのように接したのかを客観視すること」と栗山監督は述べている。格言や和歌を小見出しにして、さまざまなエピソードを用いて決断を求められた時の軸を語っている。危機時に求められる判断は日頃からの関係性を考え続けた上に成り立っていると実感できる。

「決断力に見るリスクマネジメント」亀井克之　ミネルヴァ書房
2017年
実際に生じた企業（日本だけでなくアメリカやフランス、ドイツを含む）における、様々な危機対応ケースが20件（災害、不祥事、経営戦略、事業承継、経営者リスク、リーダーシップ等々）、簡潔に紹介されており、リスクへの課題と対応、教訓をわかりやすく掴むことができる。

「3.11東日本大震災に学ぶ　図解　統合リスクマネジメントの実践」
河村幹夫　多摩大学統合リスクマネジメント研究所　2011年
既存のリスクマネジメントに関する知識の再確認と、企業のみならず自分自身や家庭のリスクマネジメントはどうか、といった観点を持って読める。CRO（チーフリスクオフィサー）への意識付けも重要視

されている内容になっている。

「『週刊文春』編集長の仕事術」新谷学　ダイヤモンド社　2017年
スクープで独走している「週刊文春」。その背景にあるのは、毎日100件以上寄せられている内部告発である。ネット上の炎上がマスメディアに広がった時どうすればいいのか。その対応が経営へのダメージの大きさを左右する。スクープを連発している週刊文春のリスクの取り方、覚悟の理解は危機発生時に役立つ。

「重大事件に学ぶ『危機管理』」佐々淳行　文春文庫　2004年
初代内閣安全保障室長であり警察官僚としてあさま山荘事件や災害に対処してきた著者による、危機管理の要諦をわかりやすく示したもの。9.11、阪神淡路大震災、地下鉄サリン事件など、事例が豊富であり読みやすく、危機管理とリスクマネジメントに役立つ言葉が多く出てくる。

「図解　ひとめでわかるリスクマネジメント　第2版」仁木一彦　東洋経済新報社 2012年
その名の通りリスクマネジメントの全体像がつかめる、実務的な本。リスクマネジメントの概要、基本から3.11後に加えたBCP（事業継続計画）について網羅されたもので、見開き右のページが本文、左ページが関連した図で構成配置されてわかりやすい。

「正義をふりかざす『極端な人』の正体」山口真一　光文社新書2020年
ネット上の炎上はほぼ毎日あらゆる場所で発生している。「SNSは世論を反映しない」「炎上加担者はごくわずか」は、昔からの定説ではあるが、その結論をデータ分析によって導き出している。社内でネット上の炎上対策を事前に検討する際に役立つ本である。

「内部告発のケーススタディから読み解く組織の現実　改正公益通報者保護法で何が変わるのか」奥山俊宏　朝日新聞出版　2022年
なぜ内部通報者を守る法律ができたのか、なぜ法律ができても内部通報制度が機能しないのか、2022年の改正で通報者保護はどう強化されたのか、歴史的な視点で理解できる。著者が新聞記者としてどのように内部告発者を取材してきたのか、裁判での結論から組織として内部通報制度をどう構築していけばよいのか検討する際に参考になる。

「ナインデイズ　岩手県災害対策本部の闘い」河原れん　幻冬舎　2012年
3.11の災害現場で、実際に岩手県庁内の災害対策本部で県の防災室の方々と共に指揮にあたった当時の岩手医大・救命救急センターの医師、秋冨慎司氏の9日間の実際のリアルな状況が描かれている。読むことにより自分事として追体験し、今後の危機管理、リスクマネジメントを深く考えることができるノンフィクション。

「なぜ危機に気づけなかったのか　組織を救うリーダーの問題発見力」マイケル・A・ロベルト　英治出版　2010年
9.11時の情報統合の問題やトヨタのアンドン紐、P＆G、HPをはじめとする多様な企業例、航空機事故、医療現場、政府やCIA、心理学の実験例や、企業実務からマーケティング関連など、その内容は読み物としても大変おもしろく参考になる。

「パイロットが空から学んだ危機管理術」坂井優基　ジェイ・インターナショナル　2006年
パイロットが空から学んだシリーズのひとつで、航空業界における危機管理、機長としてのリスクマネジメント、チームマネジメントなどが示され、読みながら、ビジネスに応用することができる。危機レベル別や階層別（現場・中間管理職・トップマネジメント）に示すなど

わかりやすい。

「予測できた危機をなぜ防げなかったのか？ ―組織・リーダーが克服すべき３つの障壁―」M・H・ベイザーマン　M・D・ワトキンス（訳：奥村哲史）東洋経済新報社 2011年
過去に生じた有名な重大な危機について多くのエビデンス等を元に原因・背景を分析し、今後の対策を論じている。危機管理、リスクマネジメント、経営分野でよく用いられる様々な実践的手法がいくつも紹介・説明されており、会社や身の回りの危機とそれに対する予防について考え、整理するのに有益。

「リスクにあなたは騙される」ダン・ガードナー　早川書房　2009年
我々がリスクを判断する際に、いかに心理的なバイアスに陥っているか、あるいはメディアによっていかに恐怖を操られてしまうのか。リスクに対する認識は、対象に関する知識が既にあるか無いかでも、感覚は大きく変わる。

「リスクの経済思想」酒井泰弘　ミネルヴァ書房　2010年
専門書の風体でありながら、あちこちに随筆風な記述、身近な例示や多様な知識の提示、経済学者としての多彩なエピソードなどがあり、一般向け啓蒙書として大変読みやすい。リスクや不確実性の経済学や思想背景について多面的（歴史的・文化的・風土的）に論じられている。

「リスクのモノサシ　安全・安心生活はありうるか」中谷内一也　NHKブックス　2006年
リスクマネジメントを適切に行うためには多様な見方、ものごとを相対化して見ることが必要だが、リスク情報をどうとらえるかやマスメ

ディアの報道スタイルなど、心理学的な観点や理論を大変わかりやすく述べている。

「リスク・マネジメントの心理学　事故・事件から学ぶ」岡本浩一・今野裕之編著　新曜社　2003年
産業活動の安全性拡充のために心理学的・社会学的要素を入れて研究するプロジェクトの一環で書かれたもの。多様な事故事例から、誤った意思決定を導くプロセスや組織と個人、リスク教育と情報の透明性等について示されており、理論的・学術的に学びたい方に役立つ。

●映画・ドキュメンタリー

「旭山動物園物語　ペンギン翔ぶ～閉園からの復活～」（NHKプロジェクトX　挑戦者たち）2005年
廃園寸前の北海道の動物園が、現場力により復活を果たしたその背景にある様々な経営戦略やリスクマネジメントを感動しながら「現場力」「夢の重要性」「行動展示というアイデアによる差別化戦略の成功」「選択と集中」を学ぶことができるドキュメンタリー作品。映画として楽しむなら「旭山動物園物語　ペンギンが空をとぶ」　監督：マキノ雅彦　2009年がある。

「生きる―大川小学校　津波裁判を闘った人たち」2023年
東日本大震災で児童の7割が津波に亡くなった石巻市大川小学校。地震発生から津波に飲み込まれるまでの51分間に何が起こったのか、なぜ学校の裏山に避難しなかったのか。児童の遺族らが記録した10年間の映像を元に製作されたドキュメンタリー映画。危機時に何を優先するのか、思い込みを排除する必要性、日頃からの訓練、予測の重要性を自分事として痛感できる作品。

「踊る大捜査線　THE　MOVIE2　レインボーブリッジを封鎖せ

よ！」監督：本広克行　2003年

「組織にリーダーがいると組織は死んじまう」「そうかな、リーダーが優秀なら組織も悪くない」というセリフにも表れるように、組織と個人のあり方、様々なリスクに対して組織と個人はどう対応するのか、組織にとって真の「使命」とは何か、楽しみながら考えさせられる国民的人気映画と言ってよい作品。

「13デイズ」監督：ロジャー・ドナルドソン　2000年

世界を揺るがした核戦争勃発寸前になった1962年キューバ危機を描いた作品。意思決定の課程の中でいかにコンセンサスを得るか、大統領の２人の腹心が「悪魔の代弁者」（あえて反対を行いすべての主張について欠陥がないか検討する）の立場に立つなど、危機管理だけでなく組織のリスクマネジメントを学べる。

「シン・ゴジラ」脚本・総監督：庵野秀明、監督・特技監督：樋口真嗣　2016年

危機の際のリーダー及びリーダーシップについて、組織の視点、経営の視点、心理学の視点の３点から見ることができる。縦割りの官僚組織が変化したきっかけは何だったか、シンゴジラの「シン」の意味は何か、そもそもゴジラは何を表し何のメッセージなのか、も考えながら楽しめる。

「宣戦布告」監督：石侍露堂　2002年

北朝鮮の潜水艦が日本の福井県沖で座礁。完全武装の工作員が上陸し、諸橋揆一郎首相（古谷一行）は、警察力のみで対応しようとして失敗する。武器使用ができない自衛隊の問題と判断できないリーダーの姿を描いたポリティカルサスペンス。危機時の判断、情報戦について日頃から準備すべきことや鍛えるべき感性を考えられる。原作は麻生幾（講談社　1998年）。

「八甲田山」監督：森谷司郎　1977年

八甲田雪中行軍遭難事件（1902年）雪中行軍の演習中に、青森駐屯の歩兵第5連隊が遭難し、210名中199名が死亡した事件。一方、弘前歩兵第三十一連隊は無事生還、何が生死を分けたか、組織と個人、リーダーと組織を題材に、危機管理とリスクマネジメントを学ぶ。「天は我を見放した」のセリフが流行語にもなった。原作は小説『八甲田山死の彷徨』（新田次郎　1971年）。

## ●小説・漫画・ドラマ

「監査役　野崎修平」周良貨　集英社　1998年

都市銀行の一支店長だった野崎修平が本店の監査役に就任し、銀行内で起きた不正や経営問題に立ち向かう経済漫画。今のコンプライアンス時代を先取りし、形骸化している監査役の本来あるべき姿を考えられる作品。2018年WOWOWで連続ドラマ化。

「競争の番人」新川帆立　講談社　2022年

公正取引委員会の審査官2人が主人公となり、ウエディング業界を舞台にした下請けいじめ、談合を取り締まるエンターテイメント小説。業界慣習が実は法律違反になっていると気づくきっかけになる。あるいは、公正取引委員会は中小企業を守る役割もあるのだと理解できる。楽しみながら公正取引委員会の仕事がわかり、業界慣習について見直すきっかけになる。2022年にフジテレビでドラマ化。

「そして、星の輝く夜がくる」真山　仁　講談社　2014年

東日本大震災後の東北地方の小学校を舞台にした小説。「ハゲタカ」シリーズで有名な著者が記した震災文学だが、かつて阪神・淡路大震災を経験した応援教師と心に傷を負った子どもたちや保護者との交流から被災地の問題や課題を描き出しており、考えさせられる。

# 著者紹介

## ■石川慶子（いしかわ　けいこ）

危機管理／広報コンサルタント
日本リスクマネジャー＆コンサルタント協会副理事長
社会構想大学院大学　教授

東京女子大学卒。参議院事務局人事課にて勤務。その後、海外での映画製作、ＰＲ会社勤務を経て、2001年に有限会社シンを設立して独立。平時のブランディング、リスクマネジメント構築と危機発生時の評判・信頼失墜を防ぐ広報コンサルタントとして活動。100社・1,000人以上にトレーニングを提供。新聞、テレビ等マスメディアでの解説多数。事例解説は150本以上。著書に「マスコミ対応緊急マニュアル」（ダイヤモンド社）、「なぜあの学校は危機対応を間違えたのか」（教育開発研究所）。

## ■木村栄宏（きむら　ひでひろ）

千葉科学大学　大学院及び危機管理学部教授（学部長）
日本リスクマネジャー＆コンサルタント協会（理事）
危機管理システム研究学会（会長）、日本国際情報学会
（副会長）、総合危機管理学会（理事）
銚子信用金庫非常勤理事、産業能率大学兼任教員、福島
県立医科大学非常勤講師他

慶應義塾大学経済学部卒業後、日本長期信用銀行（長銀）入行、調査部配属。長銀国有化後に退職し、東証一部上場企業（情報系）の人事部長、経営企画部長などを歴任。修士（国際情報）、ＭＯＴ（技術経営修士）。組織や学校の危機管理、防災教育、ＢＣＰ、アニメツーリズムによる地域活性化等幅広い講演実施。著書に「今日から使える身近なリスクマネジメント」（現代図書）他。

## ケースで学ぶ組織と個人のリスクマネジメント

2024 年 7 月 11 日　第 1 版第 1 刷発行

著　者　石　川　慶　子
　　　　木　村　栄　宏
発行者　平　　　盛　之

発行所　㈱産労総合研究所
　　　　出版部　経|営|書|院

〒100-0014　東京都千代田区永田町1-11-1　三宅坂ビル
電話　03-5860-9799
https://www.e-sanro.net/

印刷・製本　藤原印刷株式会社
ISBN 978-4-86326-377-2 C2034